überreicht mit freundlicher
Empfehlung
Ihre

Deutsche Bank

Investment & FinanzCenter Paderborn

Dagmar Luther-Zahn

AM KAMIN
BEI KERZENLICHT

Kurzgeschichten, Märchen und Gedichte

Göttert-Verlag · Diepenau

© Dr. Dagmar Luther-Zahn, Bad Driburg

Titelbild:
Josef Kuczmann
D-49448 Hüde am Dümmer

Satz, Druck und Verlag:
Arthur Göttert
Kampweg 2 / D-31603 Diepenau
eMail: Goettert-Verlag@t-online,.de

Erstauflage 2004

ISBN 3-936469-25-3

INHALT

Die Hündin in der alten Mühle

Nach dem christlichen Kalender beginnt die Adventszeit, die Zeit der großen Erwartung auf das bevorstehende Weihnachtsfest, am vierten Sonntag vor dem Heiligen Abend. Wann aber diese Zeit mit allen weihnachtlichen Stimmungen und Empfindungen in uns selbst beginnt, kann der Kalender nicht bestimmen. Die Gefühle hierfür, in der Kinderzeit geprägt durch das wunderbare Erleben und Erschauen, schlummern tief in uns und warten darauf, geweckt zu werden.

Doch es sind nicht die vielen Weihnachtsmänner oder die bunte, marktschreierische Adventsbeleuchtung und auch nicht die für den modernen Menschen auf Jazzmusik neu vertonten Weihnachtslieder, die das wirklich tiefe weihnachtliche Empfinden wiedergeben, nein, es ist vielmehr ein kleines Erleben, ein Moment, der uns aufwachen und in uns das glückliche Gefühl des Weihnachtsfriedens aufkommen lässt.

In diesem Jahr haben mein Mann und ich dieses aus der Tiefe der Seele aufsteigende Empfinden zur gleichen Zeit erlebt, und es hat uns seltsam berührt. Es ist die kleine und für die Welt völlig unbedeutende Geschichte von der Hündin in der alten Mühle.

Seit einigen Jahren fahren wir beide immer wieder für einige Tage in eine zum Bewohnen behaglich eingerichtete historische Wassermühle. Sie liegt am Fuße des Wiehengebirges am Rande eines großen Gutshofparks und ist gänzlich von altem Baumbestand umgeben. Das Rauschen des Mühlbachs gleicht einer stetigen Begleitmusik, nur das Klipp-Klapp des Mühlrades steht für immer still.

In den Sommermonaten ist die Mühle von dem dichten Grün der umgebenden Bäume fast eingeschlossen und in den Baumkronen ist das Zwitschern unzähliger Vögel zu hören. Im Winter heult der Sturm um die alte Mühle und das wuchtige Gebälk knarrt, hin und wieder klappern gelöste Fensterläden.

Im obersten Stockwerk rumoren mitunter kleine Waldbewohner, die hier Schutz gesucht haben, und in dem großen, mit Holz zu fütternden Bullerofen knacken die Scheite. Wenn der Ofen seine Wärme abstrahlt und die Räume von Kerzenlicht erhellt sind, kommt eine behagliche Winterstimmung auf.

5

Aber noch etwas zieht uns immer wieder hierher in diese vertraute, heimelige Mühle. Das ist die Labrador- Hündin Cara, die auf dem Gutshof zu Hause ist und mit der uns, auf Gegenseitigkeit beruhend, eine ganz tiefe Zuneigung verbindet.

Wie diese eigenartige Beziehung entstanden ist, kann man eigentlich gar nicht erklären. Bei unserem ersten Besuch – wir waren noch fremd und schauten uns in den Räumen um – blickte auf einmal ein Hund durch das ebenerdig gelegene Fenster. Wir beide mögen Hunde, und so baten wir den neugierigen Besucher herein. Ohne dass wir die Hündin mit Leckereien lockten, mehrten sich die Besuche von Tag zu Tag, und bald schon wurden wir sehr vertraut miteinander.

Cara begann, uns auf unseren Wanderungen zu begleiten; es dauerte nicht lange, dann konnten wir uns Spaziergänge ohne sie nicht mehr vorstellen.

Bei schönem Wetter wandern wir gemeinsam durch das weite Naturschutzgebiet des Großen Torfmoors, und hier haben wir schon heiße Maitage mit üppig grüner Pflanzenwelt und frostige Wintertage mit zugefrorenen Moorseen erlebt und die Kranichzüge im Oktober und November beobachtet.

Ja, inzwischen ist es so, dass wir mit unseren Ausflügen so lange warten, bis Cara bei uns ist. Die Hündin versäumt es nie, zu uns herüber zu laufen.

Wenn wir an kalten Wintertagen in die Mühle zurückkehren, nimmt sie ihr Plätzchen in der Nähe vom Bullerofen ein, hält ein Schläfchen oder beobachtet uns aus den Augenwinkeln. Beim Backen des Weihnachtsgebäcks ist sie natürlich hellwach und wartet schwanzwedelnd auf ein versehentlich heruntergefallenes Plätzchen.

Neben all den glücklichen, gemeinsam verbrachten Stunden gibt es auch schwere Momente in unserer Freundschaft zwischen Mensch und Hund. Das ist der Augenblick, wenn die Koffer gepackt im Auto liegen und der Abschied bevorsteht. Cara bleibt und schaut dem abfahrenden Wagen nach – und wir müssen mehrmals fest schlucken. Natürlich ist die Wiedersehensfreude einige Wochen später um so größer.

Nun, in den ersten Tagen dieses Dezembers hatten mein Mann und ich noch allerlei zu erledigen und zu organisieren. Eine rechte

Weihnachtsstimmung wollte bei all der Hektik nicht aufkommen. So freuten wir uns auf die bevorstehenden besinnlichen Adventstage in der alten Mühle. Doch die Freude schrumpfte schnell, als wir wenige Tage vor unserer Fahrt erfuhren, dass die Familie, die das Gut bewirtschaftete, während der Zeit, in der wir unsere Ferien in der Mühle verbringen wollten, verreisen würde. Uns war klar, dass die Hündin nicht allein auf dem Gut zurückgelassen, sondern auf die Fahrt mitgenommen würde.

Vorweihnachtstage in der Mühle und Winterwaldspaziergänge ohne Cara! Mit diesem Gedanken konnten wir uns nur schwer abfinden.

Der Dezembertag, an dem wir unsere Urlaubsreise ins Wiehengebirge antraten, war trüb und nasskalt. Der Frost der vorangegangenen Nacht hatte die Bäume auf den Hügelkuppen mit einer Reifschicht überzogen, in den Tälern herrschte das triste Grau eines schneefreien Wintertages.

Unterwegs machten wir uns Gedanken, dass es in der Mühle grimmig kalt sein müsse, denn nun war keiner da, der vor unserer Ankunft die Räume ein wenig aufheizte. Und wo Cara sich jetzt wohl aufhielt?

Nach zweistündiger Fahrt bogen wir von der Landstraße zum Gutshof ab und erreichten bald „unsere" Mühle. Sie stand dort, inmitten der hohen, winterlich kahlen Bäume so vertraut, als hätten wir sie eben erst verlassen. Vom Gutshof schlug die Turmuhr, sonst war drüben alles still. Wir gingen zu der alten, grün angestrichenen Mühlentür mit dem dicken Bronzeklopfer und fassten an die Klinke. Und dann – dann war ganz unverhofft dieses tiefe, aus der Seele aufsteigende Empfinden, diese Berührung mit dem Weihnachtszauber da.

„Wuff!" machte es hinter der Tür – und kaum war ein Spalt geöffnet, da schoss ein Wirbelwind um uns herum und jaulte und quiekte und bellte vor Wiedersehensfreude. Cara! Cara war da!

In der Mühle war es mollig warm, Holzscheite knackten im Bullerofen, auf dem Tisch standen ein Adventskranz mit vier dicken roten Kerzen und ein liebevoll gefüllter Teller mit selbstgebackenen Leckereien. Die Tannenzweige verströmten einen harzig-würzigen Geruch: Weihnachtsduft. Neben dem Teller mit den Brezeln und Zimtsternen lag ein Zettel:

Sind heute Mittag erst abgereist. Wir können uns vorstellen,
dass Ihr Euch freut, wenn Cara zur Begrüßung in der Mühle ist.
Unsere Tochter kann Cara später abholen.

Liebe Grüße...

In diesem Augenblick empfanden wir, was Weihnachten wirklich
bedeutet. Kein teures Geschenk, kein mehrere Meter hoher festlich
geschmückter Tannenbaum hätte so sehr an unsere Seelen gerührt
wie dieser kostbare Augenblick dieses liebevollen Empfangs.
Weihnachtszauber lag über der alten Mühle, und wir konnten ihn
spüren. Der Tannenduft, der durch die Räume zog, war jetzt nicht
nur ein Geruch, der zur Adventszeit gehört wie Nelken, Zimt und
Anis, er war viel, viel mehr.
Zwei Menschen und eine Hündin in einer alten Mühle, um die sich
die winterliche Dämmerung breitete, sie waren an diesem Abend
sehr glücklich.

Nebeltag im Moor

Die Kraniche mit rauem Schrei
sind längst schon nach Süden gezogen;
sie haben die Wiesen, die Wälder, das Moor
noch im goldenen Herbst überflogen.

Vom Sommer- und Herbstschmuck gänzlich beraubt,
recken Bäume die kahlen Äste;
der Sturm hat ihre Blätter verstreut,
sie tanzten zum letzten Feste.

Nun wogt um sie her der Nebel so dicht,
vergessen sind sonnige Stunden,
in denen der Star froher Gast hier war
und die Wildgans drehte die Runden.

Die lockenden Rufe der Vögel verstummt
bis auf das Gekrächze der Raben,
bei den abgeernteten Feldern am Fluss
sind noch einige Ähren zu haben.

Die Weiden am Ufer, wie krüpp'lige Schemen,
die Zweige, sie hängen tief und schwer
und beugen sich zum trägen Wasser,
als trügen sie die Last nicht mehr.

Und dunkel, schweigsam liegt das Moor,
es huschen Geisterschatten
wohl über seine schwarzen Seen
und trügerischen Matten.

Auch hier war einstmals Sommerwärme
und Licht und Leben rings umher,
wo heute frostige Hände greifen
in Nebelbänke feucht und schwer.

Und doch, in dieser Starre liegt
nicht Sterben, Hoffnungslosigkeit,
es sind nur Ruhe und der Schlaf,
und ein Warten auf die Frühlingszeit.

Am Fenster zum Kirschbaum

1.

Es war Herbst geworden, nicht allmählich mit dem leichten Übergang der immer noch recht warmen Spätsommertage in die kürzeren, kühleren Tage mit erstem Frühnebel und kalten Abendstunden, nein, der Wechsel vollzog sich in diesem Jahr mit einem Wetterumschlag über Nacht. Auf sonnige Tage mit Wärme in den Mittagsstunden wurde es unmittelbar kalt und regnerisch, und der Wind blies kräftig aus Nordwesten. In den Regen mischten sich schon die ersten Schneeflocken.

Es war kaum vorstellbar, dass es weniger als drei Wochen zuvor gewesen war, als Bernd und ich draußen im Garten gesessen hatten, mit T-Shirts und legeren Sommerhosen bekleidet, und uns im Schatten des alten Kirschbaums Zwetschgenkuchen und Kaffee hatten schmecken lassen.

Bernds Koffer waren schon gepackt gewesen, sein Flug nach Athen sollte am nächsten Tag in aller Frühe starten.

„Ich bin ein Zugvogel", hatte er festgestellt. „Wenn es Herbst wird, fliege ich in den sonnigen Süden und komme erst zurück, wenn der Frühling wieder Einzug hält. Und neben mir sitzt ein heimischer Singvogel, der seine Heimat nicht verlassen will und lieber den Winter in Schnee und Kälte verbringt. Wann, Liebes, entscheidest du dich dazu, mein abwechslungsreiches Leben mit mir zu teilen?"

„Du hast deine Redaktion, ich habe Dominik und meinen Beruf. Wenn Mick es bis zum Abitur schaffen sollte, hat er noch knapp drei Jahre vor sich. Diesen Weg gehe ich mit meinem Sohn gemeinsam. Später, dann sieht es anders aus."

Bernd hatte nachdenklich an seiner Unterlippe gekaut, so wie er es immer tat, wenn er über etwas intensiv nachdachte.

„Es gibt deutschsprachige Schulen in Athen", sagte er dann. „Ich werde mich umhorchen."

„Im Winter in Athen und im Sommer auf dem Gymnasium einer niedersächsischen Kleinstadt, wie stellst du dir das vor?" Damit machte ich seinen weiteren Überlegungen ein Ende.

Es war der letzte gemeinsame Nachmittag in der warmen Herbstsonne, der letzte gemeinsame Nachmittag für viele Wochen, wahrscheinlich Monate. Ich war mir nicht sicher, ob ich die Idee, die Weihnachtsfeiertage mit Mick in Athen bei Bernd zu verbringen, verwirklichen konnte. Mick hatte seine Freunde hier, er hatte schon Pläne für die Weihnachtsferien. Ich würde ihn überreden müssen; vielleicht würde es sogar Auseinandersetzungen geben.

Mich streifte unbewusst die Frage, ob ich mein Kind falsch erzogen hatte. Hätte ich Mick zu mehr Fügsamkeit anhalten sollen? Unter seinen Klassenkameraden wäre er dabei sicherlich eine Ausnahme geworden. Dabei ich war doch so stolz darauf, dass er sich behaupten konnte.

Ein leichter Wind hatte mit den gelbgoldenen Blättern vom Kirschbaum gespielt. In der Ferne hörten wir das Tuckern eines Motorbootes und beinahe gleichzeitig das Läuten von Kirchturmglocken.

„Ich habe jetzt schon Sehnsucht nach dir", Bernds Stimme war wehmütig gewesen, aber in ihr war unverkennbar auch der Klang von Vorfreude auf seine neue Arbeit der nächsten Monate.

Nun stand ich am Fenster und sah hinaus in den Regen, in den sich die Schneeflocken mischten. Die Flocken setzten sanft auf der Erde auf, lösten sich auf und waren in Pfützen und kleinen Rinnsalen verschwunden.

Wie würde ich mich an Bernds Seite in Athen fühlen? Wäre ich auch wie eine Schneeflocke, die ihre Individualität aufgibt und in der großen Masse aufgelöst untergeht?

Ich musste lachen. Welch verrückte Gedanken ich entwickelte! Zweifellos war es sinnvoller, sich den praktischen Dingen zuzuwenden. In einer halben Stunde würde Mick heimkehren. Seinen immensen Appetit voraussetzend, setzte ich das Wasser für die Spaghetti auf und begann, das Gemüse zu putzen.

Mick hatte alles verzehrt, was an Essbarem auf dem Tisch stand, danach hatte er es eilig. „Zum Handball, Mam, du weißt doch. Danach will ich mit Christian die Matheaufgaben durchgehen. Gemeinsam geht das schneller, denn wir wollen noch ins Kino. Tschüss, bis heute Abend."

Ich stellte das Geschirr zusammen, trug es in die Küche und begann mit dem Abwasch. Noch drei Tage, dachte ich, dann war meine freie Woche um. Dann kamen zum Haushalt noch die Stunden in der Apotheke. Bernd war jetzt in Athen; er hatte schon mit seinen neuen Recherchen für die Redaktion begonnen.

Ich stand allein am Fenster meiner Wohnung in einem Sechsfamilien-Haus und schaute hinaus in einen regentrüben Tag, und mein Horizont reichte über den Garten mit dem Kirschbaum hinaus bis zur nächsten Häuserzeile, in der Menschen wohnten, die ich alle nicht näher kannte.

2.

Mick kam spät heim an diesem Abend. Da der Regen unvermindert angehalten hatte, war er nass wie ein Pudel. Ein Regenschirm war offensichtlich „out".

Als er aus der Badezimmer-Tür trat, roch ich einen sehr leichten Alkoholdunst.

„Du hast etwas Alkoholisches getrunken", sagte ich.

„Habe ich nicht", erklärte er locker, „ich habe probiert. Wenn ich nicht mitgemacht hätte, hätte ich mich albern gemacht."

„Ich möchte nicht, dass du trinkst", bemerkte ich, aber mir wurde klar, dass ich dies mehr als Bitte als mit dominantem Tonfall vorgebracht hatte.

„Schon gut, Mam", sagte er, die Tür zu seinem Zimmer hinter sich zuziehend, „du brauchst dir keine Gedanken zu machen."

Wieder stand ich am Fenster; ich starrte durch den Regen in die Dunkelheit hinaus, auf die Stelle, wo der Kirschbaum stand, auf die Stelle, wo ich noch vor wenigen Tagen Bernd von der Notwendigkeit meiner Existenz genau an dem Platz im Leben, an dem ich jetzt stand, überzeugen wollte.

Mick rumorte in seinem Zimmer herum, dann wurde es laut; er hatte die Stereoanlage eingeschaltet. Die Bässe dröhnten durch meinen Körper ... bum, bum, bum.

In der Nacht konnte ich nicht schlafen. Der Regen rauschte mit unverminderter Heftigkeit; die Dachrinne war verstopft, lief über und das Wasser platschte unten im Hof aufs Pflaster und trommelte auf eine Mülltonne.

Ich stand auf und trat zum Fenster.

Erziehe ich meinen Sohn zu einem Egoisten?, fragte ich mich. Erziehen eigentlich alle modernen Eltern ihre Kinder zu Egoisten? Oder bin ich zu wenig selbstlos, weil mir diese Gedanken jetzt kommen, jetzt, da ich Mick etwas zumuten müsste, wenn ich mit der Verwirklichung meiner eigenen Lebenspläne beginnen würde? Bernd hat seine Pläne umgesetzt, Bernd lebt sein Leben.

Aber ich habe ein Kind, und ich liebe mein Kind.

Sehnsucht erfasste mich. Wenn Bernd jetzt seinen Arm um meine Schultern legen könnte! Ja, es würde reichen, wenn er nur einfach da wäre!

Ich werde Weihnachten zu ihm fahren, ging es mir durch den Kopf. Irgendwie wird es sich einrichten lassen! Ich muss zu ihm fahren, und wir werden über alles noch einmal ausführlich reden. Vielleicht erkennen wir für unsere gemeinsame Zukunft Möglichkeiten, an die wir bisher nicht gedacht haben.

Nach dieser Entscheidung schlief es sich leichter wieder ein.

Am Morgen sah es im Garten sehr trostlos aus. Durch Nebel und triefende Nässe schaute ich hinüber zum Kirschbaum. Er war über Nacht kahl geworden; seine braungelben Blätter lagen verstreut auf dem Rasen.

Beim Frühstück war Mick nicht sehr gesprächig. Zwar wollte er noch etwas loswerden, aber das geschah erst bei den letzten Bissen. „Die alte Frau von der Wohnung unten hat gestern Abend wieder genervt. Sie hat gegen die Decke gehämmert, dabei war es noch keine 22 Uhr. Ab 22 Uhr war es bei mir ruhig."

Es stimmte zwar, Mick hatte sich an die Hausordnung gehalten, aber trotzdem ...

„Vielleicht war es umgekehrt und du hast die alte Frau genervt, und zwar mit deiner Pop- Musik", argumentierte ich. „Du weißt doch, sie geht wegen ihrer Kopfschmerzen oft früh zu Bett. Man kann auch einmal rücksichtsvoll sein."

„Mam", Mick sah mich verständnislos an, „man kann doch nicht ständig gegen die ganze Welt rücksichtsvoll sein. Für unser Sozialverhalten in diesem Haus gibt es Richtlinien, nämlich die Hausordnung. Und dagegen habe ich nicht verstoßen."

13

Fünf Minuten später fiel die Haustür hinter ihm ins Schloss. Ich begann mit der Hausarbeit. Jetzt hatte ich noch die Zeit, alles in Ruhe zu erledigen. Wenn ich wieder mit meinem Job begonnen hatte, dann würde es für manches zeitlich eng werden.

Weihnachten sehe ich Bernd wieder! Die Arbeit ging mir in den nächsten Stunden gut von der Hand, ich freute mich über meinen Entschluss. Beim Bügeln bemerkte ich auf einmal, dass ich leise vor mich hin summte. Später, beim Einkaufen im Supermarkt, traf ich eine langjährige Bekannte. Sie wunderte sich, wie gut gelaunt und gesprächig ich war.

Noch sechs Wochen, sagte ich zu mir selbst, dann bist du bei Bernd. Und wir würden noch einmal über alles reden, aber diesmal würde ich mich nicht so stur verhalten.

3.

Zum Mittagessen kam Mick nicht nach Hause. Ich wunderte mich darüber, denn trotz seiner vielen unterschiedlichen Interessen ließ er diese Hauptmahlzeit des Tages eigentlich nie aus. Als er zwei Stunden später immer noch nicht daheim war, suchte ich in seinem Zimmer nach seinem Terminplaner, konnte ihn aber nirgendwo entdecken. Schließlich telefonierte ich die Eltern seiner Freunde an. Mick war bei keinem seiner Freunde anzutreffen; keiner wusste, wo sich Mick aufhielt. Meine Sorgen wuchsen.

Mit einsetzender Dämmerung öffnete der Himmel wieder seine Schleusen. Ich stand voller Ängste am Fenster und schaute hinaus in den Regen.

Schließlich hörte ich den Schlüssel in der Korridortür, anschließend vernahm ich ein leises Flüstern unterschiedlicher Stimmen. Eine Stimme war ziemlich hell.

Dann schloss sich leise Micks Zimmertür. Eine Minute später stand ich im Türrahmen.

Mick saß mit einer pummeligen Rothaarigen auf seinem Bett und blickte überrascht zu mir auf.

„'n Abend, Mam", begrüßte er mich, „das ist Lena." Die Rothaarige schaute mich trotzig-herausfordernd an.

„Guten Abend", sagte ich höflich und wartete ab, was Mick als nächstes vorbringen würde.

„Wir haben eine Menge zu besprechen, Lena und ich, es ist wichtig." Seine Äußerung glich einem höflichen Hinauswurf, aber so einfach räumte ich nicht das Feld.

„Die Dringlichkeit Eurer Aktivitäten sehe ich sehr gut", sagte ich und streifte mit einem Blick Micks Arm, der langsam von Lenas Schulter glitt. „Ihr beide seid noch reichlich jung dazu, oder?" Lena grinste mich provozierend an, und ich spürte eine peinliche Röte in mir aufsteigen. Das sind vertauschte Rollen, dachte ich, wechsle das Thema. Später kann ich mit Mick allein darüber sprechen.

„Mam", Mick strahlte mich an, „wir haben wirklich eine ganze Menge zu besprechen, denn wir wollen in den Weihnachtsferien zusammen verreisen. Die Wohnung von ihrem Bruder in München steht leer, und wir können uns da etablieren. München, Mam, zwei Wochen eine tolle Bude in München! Und es kostet nichts außer der Fahrt."

Das ist die Lösung für mein Problem, huschte es mir durch den Kopf, aber im Nu war dies wieder verworfen.

Ich holte tief Luft. „Nein, Mick, das geht nicht. Lena und du, ihr seid nicht einmal volljährig. Wir kennen weder die Familie des Bruders noch die Wohngegend. Wir kennen überhaupt nicht die Verhältnisse. Ich kann dich nicht so einfach da hinfahren lassen."

Mick protestierte. Aber seine Argumente wie „das machen heute alle so" und „wir passen schon auf uns auf" stießen bei mir auf taube Ohren.

Lena schloss bei dieser Debatte die Augen und lehnte sich lässig zurück.

„Ich würde mir Sorgen machen, Mick", sagte ich. „Ich hätte nichts dagegen, wenn ihr beide euch einer Jugendgruppe anschließen würdet, bei der Erwachsene die Organisation übernehmen. Ihr könntet doch, zum Beispiel, mit einer Skigruppe ins Gebirge fahren. Dann könntet ihr auch jeden Tag zusammen sein."

Lena erhob sich. „Deine Mutter ist mir zu spießig", sagte sie. „Ich habe keine Lust, mich mit ihr auseinander zu setzen. Wenn du noch bei ihr betteln musst, dann frage ich eben einen anderen, ob er mitfahren will. Es gibt genug Typen, die bei diesem Angebot nicht ´nein` sagen."

Lena rauschte aus der Wohnung. Mick riss den Anorak vom Haken und folgte ihr. Knall, die Tür war zu. Ich war wieder allein, allein mit meinen Gedanken und diesem neuen Problem, und mehr denn je sehnte ich mich nach Bernd und seinem Verständnis, das er mir in dieser Angelegenheit entgegengebracht hätte.

Es war schon spät, als die Wohnungstür geöffnet wurde. Mick kam zurück. Er ging nicht sofort in sein Zimmer, wie es sonst seine Gewohnheit war, sondern kam zu mir ins Wohnzimmer und hockte sich auf eine Sessellehne.

„Schon gut, Mam", sagte er, „vergiss es. Wir bleiben Weihnachten hier. Kann ja auch ganz nett werden. Ich will mich öfter mit Silva treffen, und für die Vereinsmeisterschaften müssen wir ohnehin noch ordentlich trainieren. Eigentlich hätte ich schon aus diesen Gründen gar nicht verreisen können."

In der Nacht schlief ich schlecht.
Bei einsetzender Dämmerung stand ich am Fenster und schaute hinaus auf meinen Kirschbaum, der die kahlen Äste und Zweige in den nebligen Morgen streckte.
„Wenn du wieder grün wirst", sagte ich leise zu ihm hinüber, „dann werde ich Bernd wiedersehen."

Kälteeinbruch

Blass und zart am Winterhimmel
segeln Wolken von Nordost,
künden an die trock'ne Kälte,
wenig Schnee und starken Frost.

Beinhart ist die Erd' gefroren,
über Gräsern liegt der Reif,
selbst die biegsam-weichen Zweige
werden langsam starr und steif.

Eis bedeckt den kleinen See
so wie mattes Glas,
und an seines Ufers Rand
frieren Rehe, Fuchs und Has'.

Fahl erscheint die Mittagssonne,
fast als hätt' sie keine Kraft;
Wärme spenden für das Leben
sie an diesem Tag nicht schafft.

In den Nächten jagt der Wind,
klirrend- frostig, grimmig- kalt;
eisige Zweige knacken, brechen
im erstarrten Winterwald.

Grau und drohend schieben sich
Wolken von Südwesten an,
doch sie bringen frohe Kunde:
Gebrochen ist des Frostes Bann!

Schneespur zur Freundschaft

1.

Die Oma war gerade damit beschäftigt, den Teig für den Hefestollen anzusetzen, als Peter in die Küche stürmte.

„Oma, die anderen Kinder aus meiner Klasse dürfen heute Nachmittag alle in den Film 'Urko, Pirat der blauen Meere'. Darf ich auch?"

Peters Großmutter wischte sich die Hände an der Schürze ab und ging hinüber zur Sitzecke, die an der Fensterseite der geräumigen Küche stand. Sie ließ sich auf einem der Stühle nieder.

„Was ist das für ein Film, Junge?", fragte sie.

„Ein ganz toller", antwortete Peter begeistert. „Es geht um ein Schiff in Seenot und einen Kapitän von einem anderen Schiff, der alle rettet. Oma, ich möchte das auch so gerne sehen."

„Ach, Peter", die Großmutter überlegte, „ich habe heute Nachmittag keinen Wagen, um dich in die Stadt zu fahren. Mit dem Bus wirst du es kaum noch schaffen. Warum sagst du es denn erst jetzt?"

„Hatte ich vergessen", Peter schaute etwas zerknirscht drein, „aber jetzt lass dir doch bitte, bitte etwas einfallen."

Die Oma blickte auf die Uhr, dann sah sie den Jungen an.

„Weißt du", meinte sie, „wenn dir das erst im letzten Moment einfällt, dann kann dein Interesse an diesem Film doch gar nicht so groß sein. Du könntest dich statt dessen mit so vielen anderen Dingen auf unserem Bauernhof beschäftigen. Das können deine Kameraden, die in der Stadt wohnen, wiederum nicht."

„Was denn zum Beispiel?", Peter fragte es in einem etwas resignierten Ton.

Es dämmerte ihm, dass aus dem Kinobesuch nichts werden konnte, weil einfach kein Auto zur Verfügung stand, um in die Stadt fahren zu können.

Er dachte nach. Was hatten es seine Schulfreunde doch gut. Sie konnten sich nachmittags treffen wann immer sie wollten und mussten nicht die blöden Termine vom Autobus beachten. Er fuhr gleich nach der Schule mit dem Schulbus heim, dann ging er über die lange Zufahrt zum Hof hinüber. Und hier war er das einzige Kind und folglich ohne Spielkameraden. Nur die Oma war den ganzen Tag über daheim, ab spätem Nachmittag kamen dann die Mutter und der Vater von ihrer Arbeit nach Hause. Der Opa besorgte die Landwirtschaft.

Im Augenblick fühlte Peter sich sehr verstoßen und zurückgesetzt.

„Geh' mit Bobby ein bisschen nach draußen", meinte die Oma. „Bobby ist doch dein ganz besonderer Freund."

„Ja", murrte Peter, „er ist mein allerbester Freund, aber er interessiert sich nicht für alles. Außerdem kann er nur bellen und nicht reden."

Die Oma lachte. „Das haben Hunde so an sich."

2.

Nachdem Peter mit Bobby nach draußen und dann in Richtung Ställe gelaufen war, ging die Großmutter wieder an die Zubereitung des Stollens. Aber sie war nachdenklich geworden. Es war keine ideale Lösung, dass Peter ganz allein als Kind unter Erwachsenen aufwuchs. Gewiss, er war in der Schule mit Gleichaltrigen zusammen, aber in seiner Freizeit war er abgeschnitten von Schulfreunden und gleichgesinnten Spielgefährten. Mitunter hatte sie den Eindruck, dass Peter sich mit seinen knapp zehn Jahren ein bisschen altklug verhalten würde. Er brauchte wenigstens hin und wieder Freunde, mit denen er spielen und umhertollen konnte. Aber in der gesamten weitläufigen Nachbarschaft gab es kein Kind in seinem Alter.

Es waren noch zwei Wochen bis zum Weihnachtsfest. Die rechte Weihnachtsstimmung wollte nicht aufkommen, denn draußen herrschte nasskaltes Wetter mit Nieselregen.

Peter war mit Bobby durch die Ställe gestromert, hatte beim Großvater in die Werkstatt hineingeschaut und war dann weitergezogen zum kleinen Forellenteich. Eigentlich war es ein Löschwasserteich, aber der Opa hatte einige Jahre zuvor Forellen dort eingesetzt, und diese hatten sich prächtig entwickelt. Eine Zeitlang schaute er interessiert den hin und her flitzenden Fischen zu, dann wurde es ihm langweilig.

Er beschloss, seiner Laubhütte am nahe gelegenen Waldrand einen Besuch abzustatten. Mit Bobby an der Seite lief er über die nassen Wiesen zum Eichenwäldchen. Dieses bewaldete Flurstück lag im

Grenzbereich zum Nachbarhof.

Peter mochte die Nachbarn nicht besonders gut leiden, denn das ältere Ehepaar, das den Hof bewirtschaftete, war wortkarg und manchmal sogar unfreundlich zu ihm. Er hatte einmal ein Feuerzeug im Wald gefunden und seinen Fund stolz dem Nachbarn gezeigt. „Du willst uns wohl den ganzen Forst abbrennen, ist ja ungeheuerlich; Zündeln nennt man das", war die Reaktion. Seitdem machte Peter einen Bogen um den Mann.

Aber seine Laubhütte lag ja auf der Seite zu den Wiesen des großväterlichen Anwesens; hier konnte ihm so etwas nicht geschehen.

Als er auf die Laubhütte schaute, die sein Vater und er an einem Wochenende im Sommer gemeinsam errichtet hatten, war er fürchterlich enttäuscht. Die Hütte war gebaut wie ein kleiner Wigwam, rund und oben spitz zulaufend, und hatte an der Seite ein kleines Einschlupfloch. Das Laub war nun verwelkt, und an einigen Stellen konnte man in das Innere schauen. Peter ging mehrmals darum herum. Und dann, von einem bestimmten Winkel aus, konnte er auf dem Hüttenboden, halb unter einer Laubschicht versteckt, etwas blitzen sehen. Es wurde spannend. Peter kroch durch das Schlupfloch und wühlte das Laub beiseite. In seiner Hand hielt er ein einfaches Metallkästchen. Es war nicht verschlossen, natürlich öffnete er es. Zum Vorschein kam ein Sammelsurium unterschiedlichster Raritäten: Muscheln und bunte Schneckenhäuser, ein kleines Taschenmesser, ein Dosenöffner, ein alter Kompass, Nägel, Schrauben, ein Flaschenöffner, Bindfaden und Streichhölzer. Obenauf lag ein noch gültiger Lottoschein, ausgestellt auf den Namen Jens Lohmann.

Peter überlegte. Es war sein Fund, und das Kästchen hatte in seiner Hütte gelegen. Sein ganzes Empfinden sprach dafür, dass er ein Anrecht darauf hatte, dieses an sich zu nehmen und zu behalten. Aber irgend etwas hielt ihn zurück. Wer war der Besitzer? Und warum versteckte er es ausgerechnet hier?

Peter grübelte weiter, schließlich hatte er eine Idee. Er versteckte das Kästchen wieder im Laub, pfiff nach Bobby, der auf dem Weg zum Nachbarhof schnüffelte, dann eilten die beiden dem Heimathof zu.

In seinem Zimmer holte Peter Bleistift und Papier hervor und schrieb eine Nachricht an den Besitzer der „Schatztruhe".

„Bin gespannt, wer du bist. Sei am Freitag um 16 Uhr an der Laubhütte, komme auch, Peter."

Er schaffte es, mit dem Zettel unbemerkt aus dem Haus zu gelangen, dann lief er, so schnell er konnte, zurück zur Laubhütte, holte das Kästchen hervor und legte die Nachricht hinein. Anschließend schob er die „Schatztruhe" zurück an seinen Platz.

3.

Wieder daheim auf dem Hofplatz sah Peter, wie die Mutter gerade aus dem Wagen stieg.

„Hilf mir einmal bei den Einkaufstüten, Peter!", rief sie, und dann, nachdem sie ihn näher betrachtet hatte: „Ach, du lieber Gott, wie siehst du denn wieder aus!"

„Gut", erwiderte Peter, „der liebe Gott sieht immer gut aus."

„Sei nicht albern", Peters Mutter hatte an diesem Tag keinen Humor. Ihr schien eine Laus über die Leber gelaufen zu sein.

Peter schnappte sich rasch eine Tüte und verschwand im Haus.

In der Küche hatte die Oma den Tisch für das Abendbrot gedeckt.

„Wasche dir die Hände und komm zum Essen!" Auch die Großmutter schien keine besonders gute Laune mehr zu haben.

Es war nun besser, sich bei den Erwachsenen unauffällig zu verhalten. Mit sauberen Händen erschien Peter bei Tisch.

Zunächst verlief die Mahlzeit schweigsam, dann jedoch konnte sich die Mutter nicht mehr zurückhalten:

„Also, wie ich schon vorhin am Telefon gesagt habe, geht es darum, dass ich ab Januar entweder in der Kreisstadt meinen Job ausübe – oder eben gar nicht mehr. Unsere Filiale wird geschlossen. Ich habe zugesagt, ich arbeite weiter."

Die Großmutter schüttelte ärgerlich den Kopf. „Jutta, dann bist du täglich fast zwei Stunden länger aus dem Haus als sonst. Denke an den Jungen, er braucht dich noch. Und ich werde älter. Was du dir vorstellst, kann keine Lösung auf Dauer sein."

„Lass sie doch", warf der Großvater ein, „vielleicht lässt sich ja von ihrem Verdienst ein Kindermädchen bezahlen." Er wandte sich seiner Schwiegertochter zu. „Oder glaubst du, wir übernehmen die Verantwortung für den Jungen ganz allein?"

Die Großmutter machte eine Geste zum Großvater hinüber und legte den Finger auf den Mund. Aber Peter hatte genug gehört, um zu begreifen, um was es ging.

„Ich kann ganz gut auf mich selbst aufpassen!", rief er aus, und Tränen traten in seine Augen.

„Das kannst du eben nicht", sagte die Oma, aber ihre Stimme war ganz weich geworden. „Schau, Peter, wir haben dich alle sehr lieb, aber es ist nun einmal so, dass Kinder von ihren Eltern und nicht ausschließlich von den Großeltern erzogen werden. Opa und ich werden immer für dich da sein, aber wichtige Entscheidungen, auch über deine Zukunft, müssen deine Eltern treffen. Das können sie aber nur richtig machen, wenn ihr euch untereinander nicht aus den Augen verliert."

Peter sah die Oma groß an. „Ich dachte immer, ich müsste dich fragen, wenn etwas Besonderes wäre, weil du doch da bist."

„Da hast du es, Jutta, da hast du die Quittung", der Opa sprach laut und sehr ernst.

Peter konnte es nicht länger ertragen. Er schob den Stuhl zurück und lief aus dem Zimmer. Bobby war seine Zuflucht; er fand ihn im Stall auf seinem Platz im Stroh. Eng kuschelte er sich an das Tier.

„Ich bin so alleine", flüsterte er leise. „Eigentlich habe ich nur dich."

4.

Trotz der Aufregung am Abend hatte Peter in der Nacht gut geschlafen. Er hatte von einer Schatztruhe geträumt, die ihm Urko, der Pirat, persönlich überreichte. Er fühlte sich noch beim Erwachen mächtig stolz.

In der Küche hantierte die Oma wie gewohnt, und sie war sehr lieb und freundlich zu ihm. Peter verhielt sich ein bisschen zurückhaltend, die Situation vom Abend hatte er noch nicht verarbeitet.

„Ich habe eine gute Nachricht für dich", sagte sie fröhlich. „Der Wetterbericht hat Schneefälle gemeldet. Jetzt bekommen wir unser Winterwetter."

„Prima!", rief Peter, aber gleichzeitig mit der Freude darüber durchzuckte ihn der Gedanke, ob der „große Unbekannte", der Besitzer der „Schatztruhe" auch bei Schnee zur Laubhütte kommen würde.

In der Schule war Peter aufmerksam wie immer. Mit dem Rechnen kam er besonders gut zurecht, und an der Tafel konnte er eine Aufgabe fehlerfrei lösen. In der Pause wurde er deshalb von einem größeren Mitschüler geknufft. „Angeber, Streber, wir kriegen dich noch, pass gut auf dich auf."

„Oder du auf dich", gab Peter zurück, aber nun bevorzugte er doch die Nähe der Lehrerin, die Aufsicht führte. Doch all das störte ihn nur unwesentlich. Viel interessanter war, dass er ein Geheimnis hatte, ein Geheimnis für sich ganz allein.

Auf der Heimfahrt fielen die ersten Schneeflocken. Als Peter an der Haltestelle ausstieg, waren die Wiesen und gepflügten Felder schon weiß bepudert. Die Welt sah ganz anders aus, so erwartungsvoll weihnachtlich. Morgen, dachte er, morgen ist Freitag. Ob der Unbekannte kommen wird?

Zum Mittagessen gab es Braten und Rosenkohl. Peter verputzte eine ordentliche Mahlzeit, besonders den Rosenkohl aß er gern. Die Oma war wieder sehr lieb zu ihm. Peter spürte, dass es ihr nicht recht gewesen war, dass er am Abend zuvor die Auseinandersetzung mitbekommen hatte.

An diesem Tag hatte er viele Schulaufgaben zu erledigen. Erst am späten Nachmittag konnte er mit Bobby draußen im Schnee herum tollen.

Am Abend holte ihn der Opa in die Werkstatt. „Hast du schon alle Weihnachtsgeschenke beisammen?", wollte er wissen.

„Manches habe ich", sagte Peter ein wenig kleinlaut. „Im November war ich mit Mama im Großmarkt, da habe ich ein bisschen eingekauft."

„Aber etwas selbst Hergestelltes ist doch viel schöner", der Opa ließ sich nicht beirren. „Was hältst du von einem kleinen Zoo, gebastelt aus Ton und Pappe?"

„Toll", Peter strahlte. „Das müssen wir dann abends in der Werkstatt machen, im Hause fallen wir damit bestimmt auf."

„Natürlich", sagte der Großvater, „nach dem Wochenende fangen wir damit an."

5.

Am nächsten Morgen lag der Schnee mehr als 20 Zentimeter hoch. Peter erwachte von dem Geräusch, das der Vater mit dem Schneeschieber verursachte. Er musste die Einfahrt freischaufeln, um mit dem Wagen aus der Garage fahren zu können.

Peter wollte sich noch einmal auf die andere Seite drehen, da fiel ihm siedend heiß ein, dass er für diesen Tag eine Verabredung vorgeschlagen hatte. Nun war er hellwach.

Die Mutter war in der Küche und wunderte sich über den Frühaufsteher: „Hat dich das Schneefieber gepackt?"

„Ja", sagte Peter, „Schnee ist eine tolle Sache."

Die Schulstunden wollten an diesem Tag kein Ende nehmen. Immer wieder wanderten Peters Gedanken zu dem Unbekannten mit dem Schatzkästchen. Hatte er die Einladung gelesen?

Nach dem Unterricht war eine Schneeballschlacht geplant, aber Peter und einige andere konnten nicht teilnehmen. Für die auswärtigen Schüler kam pünktlich der Schulbus.

Daheim öffnete ihm der Vater die Tür. „Heute gibt es nur belegte Brote zum Mittagessen", sagte er. „Die anderen sind einkaufen gefahren. Es sind Schneestürme gemeldet, und so wollen sie vorher noch notwendige Besorgungen machen."

Die belegten Brote zum Mittagessen fand Peter prima. Der Vater wusste, dass er nicht so gerne Wurst- und Käseschnitten aß. So fiel es nicht auf, dass er kaum etwas zu sich nahm. Vor Aufregung fiel es ihm schwer, überhaupt einen Bissen runterzuschlucken.

Nach dem Essen zog sich Peter in sein Zimmer zurück. Als er schließlich sicher sein konnte, dass der Vater in der Werkstatt arbeitete, ging er wieder ins Wohnzimmer und verbummelte hier eine Weile über Zeitschriften. Immer wieder schaute er auf die große Wanduhr.

Endlich war es Zeit, aufzubrechen. Und es war keiner da, der ihn zurückhielt. Selbst Bobby schlief im Stall und bemerkte nichts.

Peter machte einen großen Bogen um die Werkstatt und lief querfeldein durch den hohen Schnee zum Eichenwäldchen. Als er sich der Laubhütte näherte, bemerkte er als erstes frische Fußabdrücke im Schnee. Sie stammten von Stiefeln oder Schuhen in ungefähr seiner Schuhgröße. Plötzlich traf ihn ein Schneeball direkt von der Seite. Er fuhr herum und starrte in die Richtung. Hinter einem Baum lugte ein Zipfel einer roten Mütze hervor.

„Hallo, du", rief Peter, „komm raus, ich hab' dich gesehen!"

Hinter dem Baum kam ein Junge hervor, so groß und beinahe so alt wie Peter.

„Hast du den Zettel geschrieben?", fragte der Junge.

„Hab' ich", Peter nickte eifrig, „ich wollte wissen, wer den Kasten in meiner Laubhütte versteckt hat."

„Deine Laubhütte?", fragte der fremde Junge misstrauisch.

„Ja", antwortete Peter, „die Laubhütte haben Papa und ich im letzten Sommer gebaut, und das Wäldchen hier gehört meinem Opa."

„Dann gehörst du zu dem Hof da hinten?" Der Junge beäugte Peter weiterhin aus den Augenwinkeln.

Peter nickte. „Und wer bist du?"

Der Junge schüttelte den Kopf und gab darauf keine Antwort. Statt dessen fragte er: „Wenn du das Kästchen doch gefunden hast, warum hast du es dann nicht mitgenommen und behalten?"

„Ich war neugierig, wem es gehört", sagte Peter wahrheitsgemäß.

„Es gehört mir", bescheidener Besitzerstolz klang in der Stimme des fremden Jungen. „Und wenn alles gut geht, dann werde ich morgen sehr reich sein, weil ich im Lotto mitgespielt habe. Keiner weiß davon, weil ich den Schein heimlich im Dorf abgegeben habe."

„Man gewinnt nicht so leicht im Lotto", meinte Peter. „Die Eltern und Großeltern haben es auch schon versucht und nichts gewonnen."

Der fremde Junge wirkte enttäuscht. „Ich muss aber etwas gewinnen, damit ich Geld habe und abhauen kann."

„Abhauen?", fragte Peter gedehnt, „warum willst du denn abhauen?"

„Verrätst du auch nichts?" Der Junge blinzelte ihn fragend an.

„Glaube nicht", gab Peter zurück. „Heißt du übrigens Jens?"

Der Junge nickte kaum merklich. „Also, ich halte es da drüben bei meinen Großeltern nicht aus. Sie sind manchmal richtig gemein und biestig. Sie sperren mich ein oder ich kriege nichts zu Essen."

„Was?" Peter blieb der Mund offen stehen.

„Ja", rückte Jens nun mit der Sprache heraus „seit einigen Wochen wohne ich auf dem Hof dort hinter dem Wald."

„Bei den unfreundlichen Nachbarn?" Peter schüttelte sich.

„Unfreundlich", sagte der Junge gedehnt, „ist wohl nicht das richtige Wort dafür. Das ist viel zu harmlos. Mit dem gewonnenen Geld fahre ich nach Spanien und suche meine Mutter. Sie ist da irgendwo unterwegs mit einer Tanztruppe."

„Spanien ist ein großes Land", erwiderte Peter, „wenn du nicht genau weißt, wo sie ist, findest du sie nie."

Der Junge zuckte zusammen. „Du bist ein richtiger Miesmacher und ganz fürchterlich gemein", stieß er hervor. Er kroch in die Laubhütte und holte sein Kästchen hervor. Tränen schimmerten in seinen Augen. „Ich geh' jetzt wieder", schluchzte er, „und den Kasten verstecke ich woanders."

Peter hatte den Ausbruch von Zorn und Traurigkeit mit gemischten Gefühlen betrachtet. Irgendwie fühlte er sich schuldig. Er hatte dem Jungen jede Illusion, jede Hoffnung genommen.

„Morgen Nachmittag um vier bin ich wieder hier!", rief er dem fortlaufenden Jens hinterher.

Der Junge schien es nicht zu hören oder wollte es nicht hören.

6.

Es dämmerte bereits, als Peter auf den Hof zurückkehrte.

Bobby kam, mit dem Schwanz wedelnd, auf ihn zugelaufen und stupste vor ihm übermütig die Nase in den Schnee. Er wollte noch ein bisschen mit Peter umhertollen. Aber Peter hatte keine Lust dazu; er war sehr nachdenklich geworden.

Beim Abendessen ging es hektisch zu. Überall standen noch die Einkaufstüten. Die Mutter war damit beschäftigt, in der Tiefkühltruhe Ordnung zu schaffen, damit weitere Pakete mit Gemüse und Fisch dort Platz hatten. „Das kann nicht warten", sagte sie, „sonst tauen uns die Lebensmittel auf."

Am Tisch unterhielten sich die Erwachsenen über Sachfragen in der Landwirtschaft, eine herzliche Stimmung wollte nach der Auseinandersetzung vom vorangegangenen Tag immer noch nicht aufkommen. Aber wegen Peter hielten sie sich mit weiteren Diskussionen zurück.

Peter unterdessen hätte so gern einige Fragen gestellt. Es drängte ihn, mehr über die Nachbarn jenseits des Eichenwäldchens zu erfahren. Aber er merkte, dass er mit seinem Anliegen die ganze mühsam im Gleichgewicht gehaltene Atmosphäre nur gestört hätte. Er wurde dann auch früh zu Bett geschickt. Und trotz der vielen Gedanken, die ihn beschäftigten, schlief er rasch ein. In der Nacht setzte der angekündigte Schneesturm ein. Der Wind rüttelte und klapperte an den Rollläden und heulte im Kamin. Peter wurde davon wach. Es war ihm ein bisschen unheimlich zumute; am liebsten hätte er jetzt Bobby bei sich gehabt, aber der schlief im Stall und war unerreichbar. Er schaltete Licht an. Danach fühlte er sich mutiger und sicherer. Nach einer Weile schlief er wieder ein.

Am Morgen hatte sich der Sturm etwas gelegt, aber es schneite heftig weiter.

„Jetzt hast du dein Winterwetter", scherzte der Papa beim Frühstück und sah Peter an.

„Sturmschäden werden wir haben", sagte der Großvater. „Ich werde heute Vormittag beim Fichtenbestand nachschauen. Willst du mitkommen, Peter?"

Peter nickte. Am Vormittag konnte er noch etwas unternehmen, am Nachmittag musste er zusehen, dass er wieder unbemerkt zur Laubhütte kam. Der Großvater holte den Traktor aus der Scheune, und Peter konnte seitlich bei ihm Platz nehmen. Sie ratterten durch eine dick verschneite Welt. Der Sturm hatte Verwehungen gebracht, mitunter konnten sie Wege, Felder und Gräben nicht mehr voneinander unterscheiden. Aber der Opa kannte sich aus. Jeder Zentimeter seines Bodens, so schien es, war ihm vertraut.

Schließlich erreichten sie das Waldstück, in dem viele mächtige Fichten standen. Als Peter vom Trecker sprang, fiel er mitten hinein in eine Schneewehe.

„Vorsicht, Junge", mahnte der Großvater, „zuunterst können Steine liegen. Dabei kann man sich eklig verletzen."

Peter stapfte nun hinter dem Opa her und bemühte sich, immer in seine Spuren hinein zu treten. Das machte das Gehen einfacher, aber es war doch mühselig genug.

Schließlich machte der Großvater Halt und schaute sich um. Was er vermutet hatte, war eingetreten. Eine Gruppe von Fichten lag abgebrochen am Boden.

„Hier hat der Sturm am meisten wüten können", erklärte der Opa, „weil wir im vergangenen Sommer eine Schneise schlagen mussten und die Bäume hier nur wenig Schutz haben."

Peter schaute sich um. Weil die Fichten umgestürzt waren, war ein neuer Ausblick entstanden. Peter erspähte etwas, das er zuvor noch nie gesehen hatte. Weiter hinten im Wald befand sich ein kleines, grün angestrichenes Holzhaus mit einem Geweih über der Eingangstür. Der Großvater hatte Peters Blick verfolgt und erklärte: „Das ist eine alte Jagdhütte. Früher haben sich dort die Jäger vor oder nach der Jagd getroffen. Sie wird aber schon lange nicht mehr genutzt."

„Können wir mal reinschauen?" Peter fragte es mit solch brennendem Interesse in den Augen, dass der Großvater schlecht „nein" sagen konnte.

Gemeinsam stapften sie zu der Hütte. Peter fasste als erster an den Riegel, aber er war durch ein Vorhängeschloss mit der Tür verbunden.

„Verriegelt und verschlossen", sagte der Opa, „aber an meinem Schlüsselbund ist noch ein Schlüssel, der passen müsste."

Während der Großvater aufschloss, schob Peter den schweren Riegel nach oben. Sie traten ein. In der Hütte war es fast dunkel, denn am seitlichen Fenster war der Fensterladen geschlossen, nur durch die Türöffnung fiel etwas Licht in den kleinen Raum. Peter erkannte einen ovalen Tisch, um den einige rustikale Holzstühle gruppiert waren, ein Schränkchen mit Gläsern, Tellern und Tassen und vielen Kerzenhaltern, und direkt der Tür gegenüber stand ein altes Sofa, auf dem zahlreiche Decken lagen. An den Wänden hingen viele Geweihe. Es roch etwas stickig und muffig hier, aber trotzdem fand Peter es wunderschön.

Der Opa trat wieder hinaus uns sah auf seine Armbanduhr. „Lass uns heimfahren. Ich muss wegen der Fichten noch telefonieren."

Nun ging es mit dem Trecker wieder zum Hof zurück. Unterwegs plagte Peter das schlechte Gewissen. Der Opa hatte vergessen, die Jagdhütte abzuschließen. Zwar war der Riegel vorgefallen, aber fest verschlossen war die Hütte nun nicht mehr. Peter hatte es bemerkt, aber er hatte nichts gesagt, denn in dem Moment war ihm die Idee gekommen, einmal mit Bobby hierher zu laufen, und eine offene Hütte war dann sicherlich besser als eine verschlossene.

Sollte er jetzt noch etwas sagen? Er tat es nicht, denn der Gedanke, ob er am Nachmittag bei der Laubhütte den fremden Jungen wiedersehen würde, verdrängte diese Gewissensfrage aus seinem Kopf.

7.

Nach dem Mittagessen zog sich die Mutter ins Schlafzimmer zurück, sie hatte Kopfschmerzen. Vater und Großvater gingen in die Werkstatt. Peter wusste, dass es Abend werden konnte, bis die beiden wieder zum Vorschein kamen. Oma hatte Besuch bekommen von einer Bäuerin, die jenseits des Dorfes ihr Anwesen hatte. Sinnvoller Weise war sie durch die Schneeberge mit dem Traktor hergefahren. Die beiden saßen nun bei Kaffee und Weihnachtsgebäck im Wohnzimmer. Auch hier hatte Peter nicht zu befürchten, dass man ihn so schnell vermissen würde.

Als er um kurz vor 16 Uhr das Haus verließ, war der Wind wieder aufgefrischt. Schneeflocken wirbelten durch die Luft. Seine Fußstapfen waren diesmal schnell verweht. Auf den freien Flächen packte ihn der Sturm ganz gehörig, mitunter musste er sich richtig dagegen stemmen. Die Laubhütte war fast zugeschneit, aber frische Spuren waren noch im Schnee zu erkennen.

„Hier bin ich." Peter erkannte sofort die Stimme des fremden Jungen. Er erspähte Jens tiefer im Wald. Der hockte auf einem Baumstumpf, das Schatzkästchen vor sich auf den Knien.

Peter lief auf ihn zu: „Hallo! Prima, dass du da bist!"

Jens schaute auf, aber er erhob sich nicht von seinem unbequemen Sitz. Er hatte ein blasses Gesicht, und sein Gesichtsausdruck war gequält und angstvoll.

Peter spürte, dass mit seinem Gegenüber irgend etwas nicht stimmen konnte. „Bist du krank?", fragte er teilnahmsvoll.

Der Junge schüttelte den Kopf.

„Hast du Hunger?" Eine derartige Situation war für Peter neu. Hunger war immerhin eine mögliche Erklärung.

Jens schien am ganzen Körper zu zittern. „Ich geh' nicht mehr zurück, nie mehr in meinem Leben geh' ich dahin zurück!", stieß er hervor. Es war kein Trotz in seiner Stimme, sondern bitterernste Überzeugung.

„Was ist denn passiert?" Behutsam legte Peter eine Hand auf die Schulter des verzweifelten Jungen. Diese Geste hatte er bei Papa beobachtet, wenn Mama wegen irgendeiner Sache etwas hilflos war.

„Ich soll Geld geklaut haben, sagt die Großmutter. Das habe ich gar nicht. Ich habe gestern selbst gesehen, wie sie die Scheine vor Großvater weggeschlossen hat, damit er sie nicht findet. Aber dann wollte sie es nicht zugeben und hat gesagt, ich wäre es gewesen."

Peter stellte sich die Situation genau vor und dachte nach.

„Dann müsste doch das Geld noch da sein."

„Ist es auch", erwiderte Jens, „aber nicht mehr an der Stelle, wo sie es gestern hingetan hat. Sie hat bemerkt, dass ich sie dabei beobachtet habe, da hat sie es vermutlich woanders hingelegt."

„Und dein Opa wollte das Geld jetzt haben?"

Jens nickte. „Genauso ist es. Sie hat zu Opa gesagt, ich sei ein Dieb."

Peter überlegte. Jens hatte am Tag zuvor noch gesagt, dass er unbedingt Geld haben müsse. Aber er wollte dafür im Lotto gewinnen. Hatte der Junge gestohlen?

„Und was dann?", fragte Peter weiter.

„Opa hat mich am Arm geschnappt, fürchterlich geschüttelt, hinter sich her gezerrt und in den kleinen Pferdestall mit den zwei Boxen gesperrt. Pferde sind ja nicht mehr drin. Er sagte, vor morgen früh käme ich da nicht mehr raus. Und Essen bekäme ich auch nicht. Von ihm aus könne ich mich über Nacht tot frieren. Doch im Dach war eine Luke, da bin ich entwischt." Jens schluckte. „Ich habe solche Schmerzen im Arm."

Peter war entsetzt und ergriff sofort Partei für den Jungen.

„Kannst du den Arm bewegen?"

„Ja", sagte Jens leise, „aber es tut lausig weh."

„Meine Oma weiß bestimmt, was das für eine Verletzung ist, am besten ist es, wenn du mitkommst zu mir nach Hause. Vielleicht brauchst du einen Arzt."

Der Vorschlag klang sehr vernünftig, und der Junge dachte darüber nach. Man sah ihm an, wie gern er das Angebot angenommen hätte.

„Es geht nicht", meinte er schließlich. „Deine und meine Großeltern sind Nachbarn. Sie telefonieren miteinander und schicken mich dann wieder rüber. Meine Oma kann richtig freundlich tun. Aber was meinst du, was dann bei mir los ist?"

Es könnte sein. Peter war sich auf einmal nicht mehr so sicher. Aber allzu lange konnten sie auch nicht mehr im Wald bleiben. Die Dämmerung setzte ein. Der Wind blies eiskalt und unvermindert heftig, und die Schneeflocken tanzten.

Auf einmal hatte Peter eine Idee.

„Ich weiß ein Versteck für dich", sagte er. „Es ist eine alte Jagdhütte. Da ist ein Sofa, und du könntest dich hinlegen." Er schaute in die Richtung, in der die Hütte liegen musste. „Von hier aus müssten wir noch ungefähr eine Viertelstunde laufen. Geht das? Ich gehe von dort auf Spuren vom Traktor zurück zum Hof und besorge dir, was du brauchst."

Jens sah ihn dankbar an. „Ja, das machen wir. Ich finde es ganz toll von dir, dass du mir hilfst."

Gemeinsam machten sie sich auf den Weg. Es war viel mühsamer als gedacht, denn der Schnee lag hoch. Die Wege, die Peter von seinen sommerlichen Streifzügen kannte, waren teilweise verweht. Umgestürzte Bäume behinderten das Weiterkommen, und mehrmals blieben die beiden in Dornengestrüpp hängen. Trotzdem zog es Peter unbeirrt in die Richtung der Jagdhütte.

Immer dunkler wurde es um sie herum. Jens sagte kein Wort mehr, er folgte Peter in kurzem Abstand, Schmerzen plagten ihn und er zitterte vor Kälte, aber er hielt tapfer durch.

Nur noch schemenhaft konnten sie die Konturen des Fichtenwalds erkennen. Peter hielt nach der Schneise Ausschau. Nach einigem Suchen entdeckte er sie schließlich.

Endlich, endlich hatten sie es geschafft. Die Jagdhütte war erreicht! Um sie herum knarrten die Fichten im Sturm, der Fensterladen an der Hütte klapperte. Peter tastete nach dem Riegel und schob ihn hoch. Die Tür ließ sich öffnen, und die beiden Jungen traten ein. Hier im Raum waren die Geräusche des Sturms nur noch gedämpft zu hören, und die Windstille tat ihnen wohl.

Jens suchte in seinem Schatzkästchen nach Streichhölzern. Mit vereinten Kräften gelang es ihnen, im Licht der Streichhölzer eine Kerze zu finden und anzuzünden. Als Jens das Sofa erblickte, ließ er sich, schlotternd vor Kälte, darauf fallen. Mit seinem gesunden Arm ergriff er eine Decke und wickelte sich darin ein.

Peter schaute sich im Raum um. Essbares war hier nicht aufzufinden. Er wollte gerade das Schränkchen näher untersuchen, als eine heftige Sturmböe aufkam, um die Hütte tobte und gegen die Eingangstür drückte. Das Kerzenlicht flackerte. „Bum" machte die Tür und „klack" der Riegel von außen.

Die beiden Jungen waren eingesperrt. Verzweifelt riss und zerrte Peter an der Tür. Vergeblich. Dann hämmerte er mit den Fäusten dagegen. Schließlich schossen ihm Tränen in die Augen.

Mit aufeinander klappernden Zähnen meinte Jens: „Versuche es doch mit dem Fenster."

Aber an dem Fensterchen waren keine Griffe zum Öffnen angebracht.

„Morgen bin ich fit", sagte Jens, „dann kann ich dir helfen." Er fiel rasch in einen unruhigen Schlaf, sein Gesicht wurde heiß, hin und wieder stammelte er unzusammenhängende Sätze.

Für Peter folgten die längsten Stunden seines Lebens. Müde, in eine Decke gehüllt, saß er auf einem Stuhl und machte sich unheimliche Sorgen darüber, welche Ängste seine Familie durch sein Verschwinden ausstehen würde, und er hatte selbst Angst, fürchterliche Angst in diesem Augenblick der Einsamkeit und Verlassenheit. Er traute sich nicht einzuschlafen, denn dann hätte er zuvor die Kerze ausblasen müssen, aber er wollte nicht im Stockdunkeln in dieser einsamen Hütte sitzen. Und er sah ein, welchen grenzenlosen Fehler er gemacht hatte. Er hätte Jens mit heim nehmen müssen auf den Hof. Wenn der Junge nun schwer krank würde?

8.

Bei einsetzender Dämmerung verabschiedete sich der Besuch von der Großmutter: „Bei dem Wetter muss man nicht im Dunkeln heim", sagte die Bäuerin. „Schade, dass ich euren Peter heute nicht zu Gesicht bekommen habe. Ein liebes, aufgewecktes Kerlchen, der Junge!"

„Ich ruf' ihn mal." Die Oma wandte sich ins Treppenhaus und rief laut Peters Namen. Aber es kam keine Antwort.

„Wer weiß, wo er sich herumtreibt", lachte die Bäuerin, „Jungen in seinem Alter sind mehr in Ställen oder in der Werkstatt anzutreffen als im Wohnzimmer oder am Schreibtisch."

Die Großmutter nickte, aber so ganz überzeugt war sie nicht.

Als der Trecker davongefahren war, ging sie durch das ganze Haus und suchte Peter. Die Schwiegertochter lag noch immer im Bett, mit blassem Gesicht, neben ihr auf dem Nachttisch lag eine Schachtel mit Kopfschmerztabletten. Sie schlief.

Doch der Junge war auch nicht in der Werkstatt oder in den Ställen.

Die Oma bemerkte, dass sein Anorak, seine Mütze und seine Stiefel fehlten. Peter war folglich draußen, im Schneesturm bei einbrechender Dunkelheit.

Die Großmutter wurde unruhig. Sie machte sich nochmals in Richtung Werkstatt auf, denn die beiden Männer mussten unbedingt erfahren, dass Peter verschwunden war. In der Nähe der Tür, die vom Schuppen zur Werkstatt führte, konnte sie gerade noch die letzten Worte des Gesprächs mitbekommen, das ihr Mann und ihr Sohn miteinander führten.

„ ... dass Jutta arbeiten geht, sehe ich mit lachendem und mit weinendem Auge. Vater, die Zeiten haben sich geändert, rasend schnell sogar. Es geht nicht nur um das Geld verdienen, es geht den Frauen auch um ihre Selbständigkeit, um ihre eigenen Erfolge und um ihre eigene Absicherung für das Alter."

„Eigene Erfolge", antwortete Peters Großvater, „ist es denn kein Erfolg für eine Frau, wenn sie stolz sein kann auf gut erzogene Kinder mit guter Bildung und Ausbildung!"

„Es genügt heutzutage nicht", meinte der Vater leise, „aber Jutta ist kein Mensch für diese Doppelbelastung. Sie ist dem Berufsstress und gleichzeitig den Aufgaben einer Familie gar nicht gewachsen. Sie ist dafür nicht robust genug, und schließlich kommt es dazu, dass ihre Nerven versagen. Die Auswirkungen zeigen sich in der ständigen inneren Anspannung, den Kopfschmerzen und der Gereiztheit. Aber sie muss selbst entscheiden, ich rede ihr da nicht hinein."

Als die Tür klickte, drehten sich beide um.

„Peter", sagte die Großmutter, „Peter ist verschwunden. Er muss irgendwo draußen sein, denn sein Anorak und die Stiefel fehlen."

„Dann muss etwas passiert sein", der Vater war sofort sehr aufgeregt, „Peter ist ein zuverlässiger Junge."

„Wann und wo habt ihr ihn denn zuletzt gesehen?", der Großvater bemühte sich, den Tagesablauf nachzuvollziehen.

Es stellte sich heraus, dass seit dem Mittagessen jeder seiner Wege gegangen war ohne auf den Jungen Acht zu geben.

„Wir müssen ihn suchen", der Vater hatte schon Jacke und derbe Schuhe angezogen. Aus einem Gerätefach nahm er zwei Taschenlampen. Der Großvater schloss sich sofort an.

Die Oma blieb zurück. „Ich gehe und sage Jutta Bescheid".

Der Vater holte Bobby aus dem Stall. „Hilf uns suchen", sagte er zu dem Hund, „lauf, such Peter, such Peter."

9.

Bobby schnüffelte draußen im Schnee herum, lief zurück zu den beiden Männern und schnüffelte erneut.

„Such, such", drängte der Großvater.

Plötzlich bellte der Hund auf; er schien etwas gewittert zu haben. Dann lief er los und schlug die Richtung Eichenwäldchen ein. Vater und Großvater folgten.

Es war für Bobby schwer, sich durch den hohen Schnee zu kämpfen, auch den Erwachsenen bereitete das Vorwärtskommen große Mühe. Der Schein der Taschenlampen flackerte durch Sturm und Schneetreiben in die Dunkelheit hinein.

„Die Laubhütte", sagte der Vater plötzlich, „vielleicht finden wir ihn dort."

Bei der Hütte schnüffelte Bobby tatsächlich an vielen Stellen und umkreiste die fast zugeschneiten Äste mehrfach.

„Er muss zumindest hier gewesen sein", meinte der Großvater.

Bobby war schon weiter gelaufen. Bei einem Baumstumpf angelangt bellte er auf und fing an, im Schnee zu scharren. Die beiden Männer waren rasch zur Stelle. Der Vater fegte vorsichtig etwas frisch gefallenen Schnee beiseite, und nun fand er einige Nägel und Stückchen von Bindfäden, die mit Sicherheit noch nicht lange hier gelegen haben konnten. Dann bemerkte er, stark verwischt, Abdrücke von Schuhen im Schnee. Die Sohlen wiesen unterschiedliche Profile auf.

„Er wird sich doch nicht mit einem wildfremden Menschen eingelassen haben und ist verschleppt worden!"

Selbst im schwachen Schein der Taschenlampe konnte der Großvater erkennen, wie blass sein Sohn geworden war. Nun schaute auch er sich die verwischten Abdrücke genauer an.

„Sie sind beide ungefähr gleich groß", sagte er. „Schau, hier ist eine Stelle, hier kann man es erkennen. Vielleicht haben wir Glück im Unglück, und er hat sich mit einem Gleichaltrigen getroffen."

Bobby war inzwischen weiter gelaufen. Es war nicht der Heimweg, den er einschlug, sondern ein vor kurzer Zeit getretener Pfad, der, schon wieder halb verweht, durch den Wald auf den Fichtenbestand zulief.

„Weiter hinter Bobby her", der Vater war schon wieder unterwegs. Und lauter rief er: „Peter, Peter, wo bist du?" Der heulende Wind riss ihm die Worte vom Mund. Es kam keine Antwort.

Noch nie war den beiden Männern ein Weg so lang erschienen wie dieser Pfad in die Dunkelheit, in banger Erwartung, zwischen Hoffnung und Verzweiflung.

Plötzlich blieb der Großvater stehen.

„Die alte Jagdhütte", sagte er, „heute morgen war ich mit dem Jungen bei der alten Hütte. Er hat sich dafür so begeistert."

„Hoffen wir, dass die Vermutung stimmt", murmelte der Vater.

10.

Im Bauernhaus saßen unterdessen die Oma und die Mutter zusammen im Wohnzimmer. Peters Mutter hatte die Hände gegen die Schläfen gedrückt, immer noch wurde sie von Kopfschmerzen geplagt, aber diese erschienen ihr jetzt nebensächlich angesichts der Tatsache, dass ihr Sohn die Nacht draußen im Schneesturm verbrachte.

„Er kann einen Unfall gehabt haben, das wäre entsetzlich, aber wenn nicht ... – warum nur hat Peter uns nicht gesagt, was er vorhatte?" Diese Frage stellte sie immer und immer wieder.

„Vielleicht", meinte die Oma, und der Hauch eines Vorwurfs lag in ihrer Stimme, „vielleicht können wir uns diese Frage selbst beantworten."

„Wie denn?" Die Mutter hatte den leisen Vorwurf nicht überhört und reagierte etwas aufgebracht: „Peter hat hier eine heile Welt, er kann spielen, wie er will, er kann draußen und drinnen herum tollen, die meisten Wünsche werden ihm erfüllt, und es ist selten, dass er uns einmal zur Hand gehen muss. Andere Kinder in den Städten können sich höchstens auf Spielplätzen austoben, ansonsten sind sie zum Stubenhocken gezwungen. Vielleicht geht es Peter einfach ein bisschen zu gut. Er bildet sich ein, er kann machen, was er will."

Die Mutter zählte alles auf, was Peter hatte – sie vergaß nur aufzuzählen, was er nicht hatte.

„Peter braucht einen Spielgefährten, einen richtigen Kumpel, mit dem er durch Dick und Dünn gehen kann", die Stimme der Großmutter wurde heftig und laut, „er vermisst eine Freundschaft unter Gleichaltrigen. In seiner eigenen Kinderwelt lebt er einsam, und die Welt, die wir Erwachsenen ihm bieten, ist kein Ersatz. Er braucht beides. Der Junge ist auf dem Wege, sich mit seinen Gedanken uns gegenüber zu verschließen, so, wie wir ihm ja auch nur einen gewissen Anteil und nicht alles von der Welt der Erwachsenen eröffnen. In manche Teile seiner Welt dringen wir gar nicht mehr vor."

Die Oma machte eine kurze Pause, dann sagte sie ruhiger weiter: „Jutta, schau, es würde schon Möglichkeiten geben. Wenn du die Zeit hättest, den Jungen an einigen Nachmittagen in die Stadt zu fahren, damit er sich mit seinen Schulfreunden treffen kann, dann wäre schon viel gewonnen. Ich kann auf diesem Hof nicht alles machen, das wird mir auf die Dauer zu viel."

Die Mutter erhob sich. Sie begann, unruhig im Zimmer auf und ab zu laufen. „Wir werden alles noch einmal in Ruhe durchsprechen. Erst muss Peter wieder da sein. Ich mache mir solche Sorgen."

11.

Der Hund hatte die beiden Männer zur Jagdhütte geführt. Im Schein der Taschenlampe erkannten sie vor der Eingangstür Abdrücke von kleinen Stiefeln, und sie sahen sofort, dass der Riegel von außen vorgefallen war. Sie öffneten die Tür. Das Bild, das sich ihnen bot, würden sie ihr Leben lang nicht vergessen.

In eine Decke gehüllt, den Kopf auf die Arme gestützt und tief schlafend, saß Peter am Tisch. Eine herunter gebrannte Kerze erhellte schwach sein müdes Gesicht. Auf dem Sofa, ebenfalls in Decken verpackt, lag ein fremder Junge. Er schien krank zu sein, denn er stöhnte im Schlaf einige Male tief auf.

„Aufwachen! Hallo, Peter, aufwachen!", rief der Vater.

„Peter, Peter", der Großvater rüttelte den Jungen an der Schulter. Peter kam zu sich. Erstaunt blinzelte er in den Schein der Taschenlampe, dann fiel ihm alles wieder ein.

„Papa! Opa! Papa!", schrie er und warf sich abwechselnd dem einen und dem anderen in die Arme. Bobby bellte vor Freude laut und tanzte um die kleine Gruppe herum.

Anschließend musste Peter berichten, was sich ereignet hatte.

„Nur ganz kurz das Wichtigste", forderte der Opa, „daheim kannst du uns alles ausführlich erzählen." Er warf einen sorgenvollen Blick auf den fiebrigen Jungen, der sich nur mit Mühe auf dem Sofa aufgerichtet halten konnte.

Nun geschah vieles in rascher Folge.

Der Vater lief zum Hof zurück, um den Trecker zu holen, damit alle heimgebracht werden konnten. Vom Hof aus telefonierte er sofort mit dem Arzt und der Polizeistation. Er fragte an, ob ein Junge als vermisst gemeldet worden war. Er schaute dabei in die ernsten, aber doch erleichterten Gesichter seiner Frau und seiner Mutter. Während er wieder unterwegs war, um den Großvater und die beiden Kinder abzuholen, bereiteten die beiden Frauen heißen Tee zu und legten Wärmflaschen in Peters Bett.

In der alten Jagdhütte wurde unterdessen nicht viel gesprochen. Der Großvater hatte einen Arm um seinen Enkel gelegt, und besorgt beobachteten sie den kranken Jungen. Er schlief wieder und wälzte sich dabei unruhig hin und her.

Dann kam der Trecker und sie konnten zurückfahren.

Peter bekam heißen Tee und wurde sofort ins Bett gebracht.

Der Vater nahm den fremden Jungen auf den Arm und trug ihn ins Wohnzimmer. Inzwischen waren der Arzt und zwei Polizisten angekommen. Nachdem der Arzt den Jungen gründlich untersucht hatte, nahm einer der Polizisten ein Protokoll auf. Peters Eltern und Großeltern konnten nur das weitergeben, was sie über Peters flüchtigen Bericht in Erfahrung gebracht hatten.

Peter ließ man schlafen. Es war noch früh genug, wenn er am nächsten Morgen die ganze Geschichte erzählen würde.

Der Arzt bestellte einen Krankenwagen. „Es könnte Gewalt angewendet worden sein", er äußerte sich sehr vorsichtig, „aber noch schlimmer ist die Unterkühlung."
Bis auf Peter konnte in dieser Nacht keiner so recht zur Ruhe kommen. Die Eltern und Großeltern stellten viele Vermutungen an, aber es wurden untereinander keine Vorwürfe mehr laut.

12.

Am nächsten Morgen wurde Peter von Sonnenstrahlen geweckt, die durch das Fenster blinzelten und ihn an der Nase kitzelten. Die Geräusche des Sturms waren verschwunden.
Er sprang aus dem Bett und lief zum Fenster. Draußen lag die verschneite Landschaft so ruhig und friedlich da, und über ihr wölbte sich ein frostig-klarer Himmel. Die Tür zu seinem Zimmer öffnete sich. Die Mutter und die Oma kamen herein.
„Wie geht es dir, Junge?" Die Stimme der Mutter klang besorgt.
„Ich habe riesigen Hunger, Mama. Solch einen Hunger hatte ich noch nie." Peters Antwort wirkte beruhigend. „Aber zuerst will ich wissen, wie es Jens geht."
„Jens ist gestern Abend noch ins Krankenhaus gebracht worden, aber es geht ihm schon wieder einigermaßen gut. Doch alles der Reihe nach", meinte die Oma, „komm erst einmal frühstücken."
Kurze Zeit später saß er bei Oma und Mutter in der Küche und ließ sich Kakao und Brote schmecken. Später kamen der Vater und Großvater hinzu. Als Peter schließlich den Teller beiseite schob, sagte der Vater: „Nun erzähle uns bitte alles ganz ausführlich."
Peter hatte beschlossen, nichts mehr zu verschweigen, es hatte ohnehin keinen Zweck mehr. Er berichtete von der Laubhütte, dem Schatzkästchen, seiner Nachricht auf dem Zettel, von dem Jungen und was dieser gesagt hatte, von dem zweiten Treffen und der Idee mit der Jagdhütte.
Die Erwachsenen sahen sich mitunter fragend an, unterbrachen aber nicht Peters Redefluss. Erst als er geendet hatte, fragte die Oma:
„Ja, Peter, hattest du denn gar kein Vertrauen zu uns? Ich rede jetzt nicht von dem harmlosen Geheimnis mit eurer Schatztruhe, ich meine, hast du wirklich dem Jens geglaubt, dass wir ihn einfach ohne zu überlegen zu seinen hartherzigen Großeltern zurückge-

schick hätten?"

Peter wurde verlegen. „Ich weiß nicht", murmelte er unsicher, „es klang schon einleuchtend, was er gesagt hat."

„Der Junge scheint schreckliche Erlebnisse hinter sich zu haben", wandte der Opa ein. „Irgendwann werden wir hören, was es damit auf sich hat."

An diesem Morgen machte Peter eine ganz neue Erfahrung, er musste nämlich zur Polizei und eine Aussage machen. Er wurde immer aufgeregter.

„Erzähle das, was du uns heute morgen auch schon berichtet hast, mehr musst du gar nicht machen", riet ihm der Vater.

Und schließlich ging dort auch alles glatt ab, keiner schimpfte mit Peter oder machte ihm Vorwürfe. Erleichtert kehrte er wieder nach Hause zurück.

„Was wird jetzt mit Jens?", fragte er den Vater am Nachmittag, als dieser beim Schuppen Holz umschichtete.

„Ich weiß es nicht, Peter, wahrscheinlich werden die Behörden erst einmal der ganzen Sache nachgehen." Der Vater zuckte mit den Schultern.

„Vielleicht kommt er anschließend in ein Heim."

„In ein Heim?" Peter war entsetzt.

„Ich weiß es nicht genau, Junge. Aber ein Heim ist doch viel besser als bei solchen Großeltern leben zu müssen. Wir werden in den nächsten Tagen mehr erfahren. Vielleicht kannst du schon bald deinen Freund im Krankenhaus besuchen."

Peter nickte. „Natürlich, mache ich, er will mich bestimmt gerne wiedersehen."

Und insgeheim freute er sich darüber, dass der Vater Jens als seinen neuen Freund bezeichnet hatte.

„Übrigens muss ich dir noch etwas erzählen, das habe ich von einer Sozialarbeiterin am Telefon erfahren", der Vater machte eine Pause und schmunzelte, bevor er seine Neuigkeit weitergab: „Der Jens hat tatsächlich im Lotto gewonnen."

„Boh", machte Peter, „dann ist er jetzt sehr reich."

„Wie man's nimmt", meinte der Vater. „Ich glaube, es reicht für vier oder fünf Tafeln Schokolade."

Doch zu einem Besuch im Krankenhaus sollte es nicht mehr kommen, denn schon wenige Tage nach dem Erlebnis in der alten Jagdhütte wurde Jens aus dem Krankenhaus entlassen und in einem Heim untergebracht.

Der Großvater hatte inzwischen einige Neuigkeiten dazu erfahren und erzählte sie beim Abendessen, als auch Peter anwesend war.

„Da wohnt man schon sein ganzes Leben hier und weiß noch nicht einmal, was für Menschen die Nachbarn in Wirklichkeit sind. Sie haben mir einmal erzählt, dass die einzige Tochter, die sie haben, im Ausland verheiratet sei. Das stimmt aber gar nicht, sie haben ihre Tochter aus dem Haus gejagt, weil sie einen Automechaniker geheiratet hat, obwohl doch angeblich ein Landwirt auf dem Hof gebraucht wurde. Diese Tochter hat einen Sohn bekommen, den Jens. Wenige Monate nach seiner Geburt verunglückte ihr Mann tödlich. Sie bekam nur eine kleine Witwenrente, die hinten und vorne nicht ausreichte. Dann lernte sie einen spanischen Theaterkünstler kennen. Er hat sie an kleine Bühnen mitgenommen. Was sie in dieser Theaterbranche in Wirklichkeit gemacht hat, weiß keiner so genau. Auf jeden Fall war Jens sowohl für die Mutter als auch für den Künstler restlos überflüssig. Vor drei Monaten haben sie den Jungen bei seinen Großeltern abgeliefert, obwohl diese ihn eigentlich gar nicht haben wollten. Seitdem hat er auf dem Nachbarhof gewohnt, und keiner von uns hat dies gewusst. Er hatte es nicht gut, seine Großeltern haben ihn hart arbeiten lassen und oft bestraft. Nicht einmal für die Schule haben sie ihn angemeldet."

„Was für ein hartes Schicksal dieser Junge hatte", die Großmutter hatte Tränen in den Augen.

Der Vater nickte Peter zu. „Gut, dass das alles herausgekommen ist. Dank dir, Peter."

Peter freute sich über das Lob. „Und nun", fragte er nach einigem Nachdenken, „muss Jens nun für immer in einem Heim bleiben?"

Die Mutter, die bis dahin ruhig als Zuhörerin dabeigesessen hatte, schaltete sich jetzt ein. „Bis bei einem solchen Fall alles geklärt ist, können Monate ins Land gehen. Man wird versuchen, die Mutter von Jens ausfindig zu machen. Mit ihr wird dann die Angelegenheit besprochen werden müssen. Aber ich wollte eigentlich etwas anderes sagen." Sie schaute ein wenig verlegen in die Runde. „Ich habe mich dazu durchgerungen, nur noch halbtags zu arbeiten. Genauer gesagt, ich werde eine Woche mit voller Stundenzahl arbeiten, dafür habe ich in der darauffolgenden Woche frei. So habe ich mehr Zeit für meine Familie. Und einen Teil der Zeit können wir auch nutzen, um Jens zu besuchen. Vielleicht entwickelt sich eine herzliche Freundschaft zwischen Peter und ihm. Dann könnten wir später daran denken, den Jungen ganz zu uns ins Haus zu nehmen."

Der Vater lächelte. „Ja, das wäre schon möglich, warten wir es ab. Aber auf jeden Fall kann Jens die Weihnachtstage bei uns verbringen."

„Juchhu!", schrie Peter laut auf, „dann habe ich einen richtigen Freund zu Weihnachten hier." Er wandte sich dem Opa zu. „Und unseren Zoo, den bauen wir dann auch gemeinsam auf."

„Welchen Zoo?", fragten die anderen wie aus einem Munde und schauten den Großvater sehr verdutzt an.

Schnee in der Dämmerung

Schneeflocken fallen zur Dämmerzeit
sacht und leis' zur Erde,
hüllen sie in ein weißes Kleid,
auf dass sie festlich werde.

Sie bedecken Wald und Dorf,
verstecken alle Wege
und setzen weiße Mützchen auf
die Pfosten am Gehege.

Vereinzelt frische Spuren durchzieh'n
den weichen, weißen Schnee,
sie sind von Hasen und von Rehen
und führen hin zum See.

Aus kleinen Butzenfenstern
im Haus am Waldessaum
schimmert golden Licht heraus,
viel Kerzen sind's, vom Weihnachtsbaum.

Und vom Schornstein kräuselt Rauch,
Holzgeruch weht herüber.
Ich spüre die Sehnsucht, bald bin ich dort auch,
das Heimweh ist nun vorüber.

Das Märchen von Lina, Hannes und dem Pferd Sternchen

Diese denkwürdige Geschichte spielte sich vor noch gar nicht so langer Zeit in einem kleinen Walddorf ab mit dem seltsamen, aber hübschen Namen „Siebenstern".

Es war in der Weihnachtszeit, genauer gesagt, einen Tag vor dem Namenstag des Heiligen Nikolaus. Überall in den Häusern wurde gebrutzelt und gebacken, und es roch nach süßen Kuchen und frischen Tannenzweigen. Es sollte ein Festtag werden, wenn der Nikolaus an seinem großen Tag auf die Erde kommen und alle braven Erdenbürger besuchen würde. Alles war in fröhlicher Erwartung.

Am Abend vor dem Nikolaustag setzte heftiges Schneetreiben ein, und ein eisiger Wind heulte durch die Wälder rings um den kleinen Ort. Die Menschen gingen früh schlafen an diesem Abend, denn im Bett war es mollig und warm.

Auch ein altes Ehepaar, Lina und Hannes, waren zeitig zu Bett gegangen. Zuvor hatten sie noch ihr einziges Pferd, das Sternchen, versorgt, und nun konnten sie beruhigt einschlafen.

Mitten in der Nacht wurde Lina von einem sehr merkwürdigen Geräusch geweckt. Es klang wie das Klappern von Hufen, aber dann wurde alles wieder still. Schon wollte sich Lina auf die andere Seite drehen, als sie das Geräusch wieder hörte. Leise, um ihren Hannes nicht zu wecken, stand sie auf und schlich ans Fenster. Vorsichtig schaute sie hinaus.

Der Wind hatte sich gelegt, im Licht der schwach leuchtenden Straßenlaterne sah sie die leise fallenden dicken Schneeflocken. Und dann sah sie ihr Pferd Sternchen auf der verschneiten Wiese vor dem Hause stehen. Lina traute ihren Augen nicht. Was machte denn das Sternchen mitten in der Nacht draußen auf dem verschneiten Rasen? Sie war sich sicher, dass sie und Hannes die Stalltür am Abend fest zugeschlossen hatten.

„Sternchen!", rief sie, und das Pferd wieherte leise. Aber nun traute Lina auch ihren Ohren nicht mehr, denn das Sternchen konnte sprechen und forderte sie ganz leise in einer feinen, sanften Sprache auf, aufzusitzen und loszureiten.

Und Lina, die schon lange, lange nicht mehr geritten war, fühlte sich wie in einem Bann gefangen, aus dem sie nicht heraus konnte; sie ging durch die Wohnung zur Haustür, griff nach ihrem Mantel und ging hinaus in die tiefverschneite Welt. Es kam ihr ganz natürlich vor, dass sie nun auf Sternchens Rücken stieg und mit ihm davon ritt.

Immer wundersamer wurde die Welt, in die das Sternchen sie hineinführte. Anfangs ging es durch den Buchenwald, dann durch eine Schlucht, in der riesige, uralte Wetterfichten standen und schließlich über weite Felder bis zu einer entfernt liegenden Hügelkette. Und obwohl es immer noch schneite, konnte Lina die Sterne am Himmel blinken und funkeln sehen. Es wurde immer leuchtender und heller, dabei wusste Lina doch, dass tiefste Nacht war und man bei diesem Schneetreiben eigentlich nicht die Hand vor Augen sehen dürfte.

Auf einem großen, freien Hügel hielt das Pferd schließlich an. Und auf diesem Hügel, mitten in einem Lichtstrahl, der direkt aus dem Himmel zu kommen schien, stand ein gütig blickender Mann mit langem, weißem Bart und einem purpurroten Mantel. In der Hand hielt er einen Stab, auf den er sich schwer zu stützen schien. Neben ihm stand ein mit großen Paketen voll beladener grauer Esel, der sehr traurig dreinschaute und hin und wieder leise schnaubte.

Der alte Mann winkte Lina zu sich, sie stieg vom Pferd ab und ging auf den Mann zu. Sie rieb sich die Augen, denn sie konnte immer noch nicht begreifen, was um sie herum geschah; alles war so unwirklich. Aber der alte Mann sprach sie sehr freundlich an und sagte, dass sie keine Angst haben solle. Sie würde ihn doch kennen, er sei ja der Nikolaus, der jedes Jahr einmal zu Besuch auf die Erde käme und der keinem Menschen etwas Böses antun würde.

„Lina", sagte der Nikolaus, „höre mir jetzt genau zu. In diesem Jahr kann ich nicht zu allen Menschen auf dieser Welt kommen, sie besuchen und Geschenke verteilen, denn mein Eselchen ist krank geworden; wir müssen recht bald in den Himmel zurück, wo meinem Grauchen geholfen werden kann. Besonders bis Siebenstern ist es für mich zu weit. Du musst die Geschenke für die Menschen in Siebenstern mitnehmen und statt meiner diese Gaben verteilen. Ich weiß, dass du gerecht bist und nicht etwa den Braven wenig und den Tunichtguten viele Gaben zukommen lässt. Ich verlasse mich auf dich und dein Pferd Sternchen. Es wird all die hübschen Dinge, die ich euch zugedacht habe, heil in deine Heimat tragen."

Es war, als würde das Licht nun langsam verblassen, und der alte Mann und das Eselchen waren auf einmal verschwunden. Das Sternchen aber stand noch auf dem Hügel und war über und über mit Geschenken beladen. Lina hatte Mühe, noch Platz auf dem Pferderücken zu finden.

Und schon ging es in schnellem Trab der Heimat entgegen. Die Sterne funkelten auf dem Schnee und zeigten den Weg.

Was dann weiter geschah, und wie Lina ins Haus und zurück in ihr warmes Bett kam, daran konnte sie sich nicht mehr erinnern.

Am Morgen erwachten Hannes und Lina wie gewohnt. Draußen schien eine matte Wintersonne auf die weiß verschneite Winterwelt. Der Nikolaustag war angebrochen.

Hannes fühlte sich frisch und munter, denn er hatte tief und fest geschlafen. Lina war etwas nachdenklicher.

„Ich hatte einen merkwürdigen Traum", sagte sie. „Ich bin mit Sternchen durch die Winterwelt geritten und dem Nikolaus begegnet. Er hat Sternchen voll beladen mit Geschenken."

„Das muss ein schöner Traum gewesen sein", lachte Hannes. „Aber nun wollen wir das Frühstück einnehmen, und dann werde ich draußen den Weg freischaufeln, sonst kommt der Nikolaus vor lauter Schnee gar nicht bis zu uns durch."

Nach dem Frühstück gingen beide in den Stall, um das Pferd zu versorgen. Und dann standen sie und schauten und staunten, denn neben Sternchen lagen Pakete und Kisten mit Geschenken, und ein großer prall gefüllter Nikolaussack lehnte an der Wand.

„Also war es doch kein Traum", sagte Lina leise zu Hannes.

„Heute Nacht hat der Nikolaus Sternchen und mich zu sich gerufen, und wir sind wirklich durch diese Winternacht geritten, um die Himmelsgeschenke für unsere Siebensterner Mitmenschen in Empfang zu nehmen."

„Dann verteile diese Gaben sehr gerecht", sagte Hannes, nachdem er endlich aus dem Staunen herausgekommen war.

Und man kann sich denken, dass Lina dies auch tat. Dabei erzählte sie überall im Dorf von dieser seltsamen Begebenheit. Es wurde ein sehr fröhlicher Nikolaustag in Siebenstern, auch wenn der Nikolaus nicht persönlich vorbeischauen konnte.

Wiedersehen am Heiligabend

1.

Carlos war äußerlich ein eher unscheinbarer Mann. Er war gerade einmal mittelgroß, hatte ein rundliches Gesicht und etwas schütteres Haar. Auffallend an ihm waren die großen braunen Augen, die er stets mit dem Ausdruck unerschütterlicher Gutgläubigkeit auf sein Gegenüber richtete. Er war Musiklehrer, angestellt bei der städtischen Musikschule, und unterrichtete hauptsächlich im Fach „Violine".

Mit der festen Überzeugung, unter seinen Schülern und Schülerinnen eines Tages einen Paganini zu entdecken, unterrichtete er mit großer Gewissenhaftigkeit. Begabte Schüler förderte er zusätzlich, indem er ihnen unentgeltlich Privatstunden gab. In den Wintermonaten organisierte er öffentliche Musikabende, so dass die Schüler an Auftritte vor Publikum gewöhnt wurden. Er hielt es für sehr wichtig, dass sie rechtzeitig lernten, mit Lampenfieber umzugehen. Seine Freude darüber, wenn sich einer seiner Schüler, was selten genug geschah, für die Musik als spätere Berufsrichtung entschied, war grenzenlos. Carlos war ein Idealist.

Aber wenn man ihn vor einigen Jahren noch gefragt hätte, was sein Lebensideal wäre, so hätte er geantwortet: „Eine Familie mit zwei Kindern".

Inzwischen war Carlos 38 Jahre alt, und er hatte es bisher gerade dazu gebracht, mit der Kunstlehrerin des Gymnasiums der Kleinstadt zwei Treffen in der Woche zu arrangieren, einmal für eine allwöchentliche Wanderung durch das wunderschöne, aber sehr einsam gelegene Hochmoorgebiet, in das sich die Lehrerin ohne Begleitung nicht traute, und zum anderen zu einem Abendessen bei sich daheim, denn er kochte gut und verstand, eine behagliche Atmosphäre zu zaubern.

Vor vielen Jahren war das einmal anders gewesen, da hatte er sich unsterblich verliebt, und diese tiefe Liebe wurde auch erwidert. Aber mit vielen Lügen und Intrigen hatten die Eltern des Mädchens nach und nach einen Keil zwischen diese Beziehung getrieben. Sie planten eine bessere Verbindung für ihre einzige Tochter. Schließlich zog die Familie fort, und Carlos blieb unglücklich zurück, verschrieb sich gänzlich der Musik und fand schließlich die gesicherte Anstellung bei der Musikschule in dem kleinen hessischen Kurstädtchen.

Er wusste selbst, dass sein angeborenes Talent nicht über die gute Mittelmäßigkeit hinaus ging, aber sein Eifer und seine Einsatzfreudigkeit glichen vieles wieder aus. In der Kleinstadt war er als guter Violinist und gewissenhafter Lehrer geachtet; sein Leben verlief unkompliziert und in geregelten Bahnen. Und es wäre wahrscheinlich noch viele Jahre weiterhin so verlaufen, wenn nicht eines Tages etwas geschehen wäre, dessen Tragweite zu Beginn überhaupt nicht abzusehen war.

2.

Es begann damit, dass ihn an einem Sommertag kurz vor den großen Ferien die Musiklehrerin des Gymnasiums ansprach und ihn bat, sich einer Schülerin anzunehmen, die musikalisch sehr begabt war und die seit drei Jahren heimlich, weil die Mutter dagegen war, Geigenunterricht genommen hatte.

„Vom Taschengeld hat sie sich die Unterrichtsstunden abgespart", begeisterte sich die Musiklehrerin. „Vor einem halben Jahr ist sie mit der Mutter hierhin übersiedelt. Ich bin schon in den ersten Stunden auf sie aufmerksam geworden. Sie ist wirklich talentiert. Nun hat sie Schwierigkeiten, weiterhin üben zu können."

„Eine merkwürdige Einstellung seitens der Mutter", erwiderte Carlos vorsichtig, „nun, vielleicht können wir sie eines Tages vom Gegenteil überzeugen. Ich werde mir die Schülerin einmal anhören."

So kam es, dass wenige Tage später ein zierliches, braunhaariges, etwa 16-jähriges Mädchen im Anschluss an seinen Unterricht den Schulraum betrat, den Geigenkasten vor Carlos hinstellte und sagte: „Ich bin Carlotta, meine Musiklehrerin hat mich bei Ihnen angemeldet."

Carlos schaute in große braune Augen, die offen und ohne Verlegenheit seinen Blick erwiderten.

„Fangen wir an", Carlos verzichtete auf ein größeres Vorgespräch, „zeige mir, was du schon kannst. Oder muss ich *Sie* sagen?"

„Nein, nein", Carlotta lächelte ein großes, warmes Lächeln, „das ist noch nicht üblich."

Geschickt und geübt nahm sie die Violine zur Hand; bereits beim Stimmen des Instruments merkte Carlos, dass ihr Gehör ausgesprochen fein und geschult war. Sie hatte nicht die schwierigsten Stücke ausgewählt und bevorzugte Etüden und Menuette aus dem 18. Jahrhundert. Sauber und zart, einfühlsam und präzise spielte sie diese ohne in irgendeiner Weise Anstrengung oder Probleme zu zeigen.

Carlos atmete tief durch, aber noch äußerte er sich nicht zu dieser Leistung. „Das Andante spielen wir einmal zweistimmig", schlug er vor, und Carlotta stimmte sofort zu. Sie spielte nun die zweite Stimme, ging auf die kleinsten Nuancen, die Carlos dem Musikstück anders geben wollte, sofort ein, variierte mit und begriff intuitiv, welche andere Aussage ihr Gegenüber damit erreichen wollte.

„Hervorragend, Mädchen, ganz hervorragend", lobte Carlos, als sie geendet hatten. „Behalte deinen Stil bei, in der Technik werden wir für weitere Fortschritte sorgen."

So kam es, dass Carlos das begabte Mädchen Carlotta zweimal in der Woche unterrichtete und jedes Mal vergaß, dass er eigentlich dafür bezahlt werden musste. Im Laufe der Zeit entwickelte sich eine herzliche Beziehung zwischen Lehrer und Schülerin. Es blieb nicht nur bei Gesprächen über die Musik. Carlotta erzählte von daheim, wie es früher einmal gewesen war, als sie noch die Schule in Bayern besucht hatte; schließlich deutete sie auch an, warum die Mutter damals dagegen gewesen war, dass sie Musikunterricht erhielt.

„Ein Instrument müsse man perfekt beherrschen, sagt sie immer. Und dazu brauche man Talent. In der Familie sei keiner talentiert, so sei es Zeitverschwendung, sich mit Halbheiten zu beschäftigen."

„Wenn man diese Ansicht teilen soll", erwiderte Carlos, „dann darf überhaupt kein Mensch mehr anfangen, das Spiel auf einem Instrument zu erlernen. Das Schöne ist doch die Freude an der Musik und die Möglichkeit, durch das Instrument die eigene Freude oder das eigene Leid mitzuteilen, sozusagen dem Instrument Sprache zu verleihen. Ich persönlich und auch in meiner Funktion als Lehrer neige natürlich stärker zur Perfektion, aber das muss nicht immer sein."

Carlotta nickte erstaunlich ernst. „Ich könnte ohne die Zwiesprache mit der Violine nicht mehr leben."

„Hoffentlich hast du bisher nur Freude ausdrücken müssen", lächelte Carlos.

„Nun", sagte Carlotta, „manchmal ist auch einiges besser in Moll ausgedrückt als in Dur." Sie überlegte, ob sie weiterreden sollte, irgendwie schien sie an einem für sie selbst peinlichen Punkt angelangt zu sein. „Ich habe mitunter Heimweh", fügte sie schließlich hinzu, „nicht zu Papa, er ist schon lange tot, aber nach der Stadt, in der wir gewohnt haben, und nach den Bergen."

An dem Tag nach diesem Gespräch ging Carlos sehr nachdenklich nach Hause. Die Jugend hatte schon so manchen Kummer durchzustehen, man vergaß es nur manchmal als Erwachsener.

Und es war ihm, als sei es gestern gewesen, als Sibille ihm gesagt hatte, dass sie glaube, ihn nicht ausreichend genug zu lieben, um ein ganzes Leben an seiner Seite zu verbringen. Er sah Sibille wieder vor sich, in der Dämmerung an der Bushaltestelle, mit hochgeschlagenem Mantelkragen, den Blick in die Ferne gerichtet. Sie hatte nicht den Mut gehabt, ihn dabei anzusehen, als sie dies sagte. Dann war der Bus gekommen.

Carlos wischte sich über die Augen. 17 Jahre war es jetzt her; er hatte seitdem nie wieder den Mut aufgebracht, sich an eine andere Frau mit allen tiefen Gefühlen, zu denen er fähig war, zu binden. Er blockte seine Empfindungen rechtzeitig ab.

Was für eine merkwürdige Mutter dieses Mädchen hat, dachte er.

3.

Der Herbst zog ins Land. Carlos begann, die öffentlichen Musikabende für seine Schüler und Schülerinnen zu organisieren. Der Auftritt einer Violingruppe in der Kirche am Heiligabend sollte einer der Höhepunkte werden.

Carlotta hatte weitere Fortschritte gemacht. Sie war musikalisch hoch begabt, und Carlos sah sie in vielen Vortragsstücken für die Erste Violine vor. Aber als er sie darauf ansprach, weigerte sie sich hartnäckig.

„Dann erfährt Mama es bestimmt. Ich bin froh, dass ich nach dem Unterricht im Klassenzimmer üben darf und Mama zu Hause nichts mitbekommt. Nein, das geht auf keinen Fall. Das Äußerste ist wirklich, dass ich als zweite oder dritte Stimme versteckt auf der Empore mitspiele."

„Ich sollte einmal mit deiner Mutter sprechen", schlug Carlos vor. Doch Carlotta wehrte ab. So war sie bei den Proben mit dabei, musste aber nun einer anderen, die bereit war, in der Kirche aufzutreten, den ihr zugedachten Platz einräumen. Carlotta nahm es erstaunlich gelassen hin.

Es war zwei Wochen vor Weihnachten. Carlos trat mit seiner Geige unter dem Arm aus der Kirche. Wieder einmal war für das Konzert am Heiligabend geprobt worden. Carlos liebte die Atmosphäre in der kleinen Stadtkirche, besonders zur Adventszeit, wenn schon alles festlich geschmückt war und es nach Tannenzweigen duftete. Jetzt war seine Zeit, die aktive Zeit vor den Weihnachtstagen. Weihnachten selbst würde er allein in seiner Wohnung verbringen, sein eigenes Festessen kochen, Notenhefte durchblättern und später mit einem guten Buch vor dem Kamin sitzen, und höchstwahrscheinlich würde er wieder ins Grübeln kommen. So sehr er in der Adventszeit für Konzerte als Musiker geachtet, geschätzt und begehrt wurde, so rasch war er über Weihnachten, dem traditionellen Familienfest, von den meisten Mitmenschen vergessen. Er hatte sich damit abgefunden.

Die Proben an diesem Tag waren gut verlaufen. Carlotta hatte es geschafft, die Violingruppe für den Auftritt in der Kirche zu begeistern.

Der Himmel war grau verhangen, es blies ein schneidender Wind aus Nordwesten, einige Schneeflocken wirbelten durch die Luft.

Carlos beschloss, einen kleinen Umweg zu machen, um in einem Café etwas Gebäck einzukaufen. Er würde sich dann daheim Kaffee kochen, Feuer im Kamin anzünden und sich eine behagliche Stunde gönnen. Später musste er noch einmal in die Schule, um zwei neue Schüler zu unterrichten. Danach würde Carlotta kommen. Auf diese Stunde freute er sich besonders.

Als Carlos die Tür zur Konditorei öffnete, schlug ihm der warme Duft von Kaffee, Kuchen und Tannenzweigen entgegen. Dieser Geruch allein verbreitete schon eine Stimmung von Harmonie und festlicher Vorfreude. Es war fast jeder Tisch besetzt, aber Carlos achtete zunächst nicht darauf. Er reihte sich bei den wartenden Kunden ein und betrachtete die Auslagen.

Dann plötzlich horchte er auf. Eine vertraute Stimme klang an sein Ohr: „Hallo, Mama, ich habe mich sehr beeilt, aber früher ging es einfach nicht."

Carlos sah sich um. An einem kleinen Tisch in der Nähe der Garderobe stand Carlotta und begrüßte eine kleine, zierliche Frau mit weichen Gesichtszügen und unverkennbar krausem, aber schlicht in den Nacken zurückgekämmtem Haar – Sibille. Carlos stockte der Atem. Sibille, sie war es wirklich.

Er vergaß, dass er sich eingereiht hatte, um Gebäck zu kaufen; die Verkäuferin musste ihn zweimal ansprechen. Gedankenlos bestellte er zwei Kuchenstücke, bezahlte und ging hinaus. Dann stand er unschlüssig draußen vor dem Schaufenster, in der einen Hand den Kasten mit der Geige, in der anderen Hand die Kuchentüte. Das Fenster war leicht beschlagen und verwehrte den Blick nach innen. In den wenigen Minuten, in denen er so stand, kämpften in ihm die widersprüchlichsten Gefühle, maßlose Freude, tiefe Enttäuschung, Einsamkeit, Schüchternheit und Stolz. Nach einer Weile drehte er sich um und schlug den Heimweg ein.

Aber auch wenn er sich abgewandt hatte, so kreisten seine Gedanken unentwegt um Sibille. Plötzlich überlief es ihn siedend heiß. Wie hatte Carlotta Sibille angeredet? Mama! Sibille war Carlottas Mutter.

Aus dem behaglichen Stündchen am Kamin wurde eine Stunde ruhelosen Auf- und Abgehens. Bilder aus der Vergangenheit tauchten auf und verschwanden wieder. Schließlich entschied sich Carlos, die aufgekommenen Träume zu verbannen und seine Gedanken auf Gegenwart und Realität zu konzentrieren. Aber er wollte etwas unternehmen, damit die Heimlichkeiten um Carlottas Geigenunterricht aufhörten.

4.

Der Unterricht mit den beiden Schülern war keine Freude gewesen. Die beiden Jungen waren albern und unkonzentriert, man merkte ihnen deutlich ihr Desinteresse an. Aber da ihre Eltern auf der musikalischen Ausbildung bestanden, war Carlos gezwungen, auch hier als gewissenhafter Lehrer tätig zu sein.

Er fieberte der Stunde mit Carlotta entgegen. Carlos und Carlotta? Auf einmal fiel ihm die Ähnlichkeit der Namen auf. War es Zufall? Als Carlotta schließlich das Klassenzimmer betrat, konnte er seine innere Unruhe kaum noch zügeln. Das Mädchen bemerkte von all dem nichts. Sie packte Violine und Noten aus und schaute ihren Lehrer abwartend an.

Aber er sagte nicht wie gewohnt: „Spielen wir zu Anfang die Etüden von der vergangenen Stunde durch", sondern fragte: „Carlotta, gibt es in deiner Familie nicht einen einzigen, der dir das musikalische Talent hätte vererben können? Von irgendeiner Seite muss es doch kommen."

Sie reagierte gänzlich unbefangen. „Nein, wirklich, ich wüsste nicht. Papa hat das große Möbelgeschäft geerbt, das die Großeltern aufgebaut hatten; er war durch und durch Kaufmann und völlig unmusikalisch. Von Mamas Seite kenne ich auch niemanden, der auch nur halbwegs musikalisch wäre."

„Du bist jetzt 15, nicht wahr?"

Carlotta lächelte ihr offenes Lächeln. „O, nein", sagte sie, „ ich bin ein bisschen klein und schmal geraten, aber ich werde im kommenden Sommer schon 17."

Carlos' Herz klopfte heftig, als er ihr in die braunen Augen sah.

„Die Augen hast du wohl von deinem Vater geerbt?"

Das Mädchen sah ihn irritiert an. „Ich glaube nicht", sagte sie. Und nach einer Weile fügte sie hinzu: „Ich glaube sogar, dass Papa nicht mein richtiger Vater war. Es hat damals Streit deshalb in der Familie gegeben, aber ich war noch zu klein, um es zu verstehen. Heute sagt Mama nichts mehr darüber. – Können wir jetzt anfangen?"

In Carlos tobten widersprechende Gefühle, klar zu denken vermochte er noch nicht. War er etwa der Vater dieses Mädchens? Hatte er eine Tochter, eine Tochter mit der Frau, die er über alle Trennungsjahre hinweg nie richtig vergessen konnte? Aber warum hatte er dann nie etwas erfahren?

Carlos und Carlotta! An diesem Abend übernahm die Schülerin die Regie und bestimmte den Ablauf des Unterrichts. Der Lehrer war kaum fähig, sich auf die Noten zu konzentrieren. Zum Schluss der

Stunde ergriff Carlos noch einmal das Wort. Er wusste, dass er unbedingt noch etwas vorbringen musste, irgend etwas, das zur weiteren Klärung dieser Situation führen musste. Er hätte die nächsten Tage mit dieser Unsicherheit sonst nicht durchstehen können.

„Carlotta", begann er zögernd, „das Versteckspiel mit deinem Geigenunterricht sollte aufhören. Wir sollten uns etwas überlegen, eine kleine gemeinsame Strategie vielleicht, um deine Mutter von deinem Talent zu überzeugen. Bist du damit einverstanden, wenn wir beim nächsten Mal ernstlich darüber reden?"

Carlotta atmete tief durch. „Ja, einmal muss es wohl sein", sagte sie nach einigem Zaudern, „irgendwie muss die Heimlichkeit aufhören. Hoffentlich wird es kein Ende mit Schrecken."

Und nach einer Weile, sie hatten schon die Instrumente eingepackt, bemerkte sie: „Manchmal glaube ich, dass Mama ganz andere Gründe hat, persönliche vielleicht, warum sie sich gegen einen Musikunterricht für mich sträubt."

„Wir werden es herausfinden", erwiderte Carlos.

5.

In den folgenden Tagen fiel Carlos mehrfach damit auf, dass er untätig dasaß und mit seinen Gedanken völlig woanders war. Wurde er angesprochen und blickte auf, so wirkte er, als würde er aus einer gänzlich anderen Welt auftauchen. Aber niemand merkte ihm an, in welcher inneren Spannung er sich befand, er schaffte es, seine Gefühle nach außen zu verbergen. Nur wenn er allein war, ließ er seiner Unruhe freien Lauf; an den Abenden durchschritt er viele Male sein Wohn- und Arbeitszimmer. Mehr als zehnmal hatte er anhand der alten Kalender und Aufzeichnungen nachgerechnet, in welchem zeitlichen Ablauf die Ereignisse vor fast 17 Jahren geschehen waren. Er kam jedoch zu keinem eindeutigen Ergebnis.

Naheliegender war es schon, sich Gedanken über Carlottas Zukunft zu machen. Ob sie seine Tochter war oder nicht, sie war ein überaus begabter junger Mensch, bei dem es auf jeden Fall lohnte, das Talent zu fördern. Ein Gespräch mit Sibille nach so langer Zeit war nicht mehr eine erträumte Vorstellung, es war Notwendigkeit geworden.

53

An zwei aufeinanderfolgenden Abenden hatte Carlos Auftritte auf der kleinen städtischen Bühne, einmal leitete er das Schulorchester durch das für jenes Jahr festgelegte „Vivaldi- Programm", am zweiten Abend hatte die Musikschule zum „Haus der offenen Tür" eingeladen und beging den Abschluss des außergewöhnlichen Tages mit einem Festprogramm im Theater. Dank seiner Gewissenhaftigkeit schaffte es Carlos, für diese Zeiträume seine privaten Gedanken zu verdrängen und sich nur auf seine Aufgabe zu konzentrieren. Leicht fiel es ihm nicht.

In der Kleinstadt war er nun wieder in den Mittelpunkt des Interesses gerückt. Die regionale Presse lobte ihn und bezeichnete ihn als exzellenten Lehrer. Sonst freute sich Carlos immer über gute Kritik an seiner Arbeit, in diesem Jahr fragte er sich, ob Sibille wohl die Artikel in der Zeitung gelesen und ihn erkannt hatte, und ob dies dazu beitragen würde, der gesamten Entwicklung mit Carlotta eine positive Wende zu geben.

Wenige Tage später war Probe für das Konzert am Heiligabend. Bei Proben war Carlos meistens der erste, stellte die Notenständer auf, verteilte Notenblätter und rückte die Stühle zurecht. Aber diesmal war schon jemand vor ihm im Kirchenschiff. Carlotta saß in der ersten Bankreihe und hatte ganz offensichtlich auf ihn gewartet.

Er begrüßte sie herzlich, schaute ihr in die Augen.

„Da ist doch etwas nicht in Ordnung, oder?"

Carlotta schüttelte den Kopf. „Unsere Musiklehrerin hat Einladungen zum Konzert am Heiligabend verschickt. Mama hat auch eine bekommen und gesagt, dass sie sich bei Aktivitäten meiner Schule verpflichtet fühle teilzunehmen. Folglich wird sie am Heiligabend in der Kirche sein."

Nachdenklich schweifte Carlos Blick durch das Kirchenschiff und blieb an einem verblassten Gemälde hängen. Schließlich sagte er: „Carlotta, lass es uns so nehmen, wie es kommt. Vielleicht ist dieses Konzert eine ausgezeichnete Möglichkeit, deine Mutter von deinen Fähigkeiten zu überzeugen. Geplant war, dass du nur in dem kleinen Orchester auf der Empore mitspielst. Zunächst würdest du dich also bedeckt halten, und das ist vielleicht ganz gut so. Dann, zum Schluss allerdings, solltest du in Erscheinung treten. Vielleicht könnten wir beide ein Duo vortragen, wenn du willst. Das Pro-

gramm können wir noch ändern, daran soll es nicht liegen."
Carlotta dachte angestrengt nach. „Dann wird es also schon recht
bald fürchterlich ernst. Aber vielleicht wäre dies wirklich eine Lösung. Und anschließend, nach der Kirche, könnten Sie mit Mama in
Ruhe darüber sprechen."
In seinen Augen glomm Freude auf. „Schluss mit den Heimlichkeiten", sagte Carlos zuversichtlich, „schauen wir nach vorn".
Carlotta nickte, aber besonders glücklich sah sie nicht aus.
Die Kirche füllte sich allmählich, weitere Schüler mit ihren Instru-
menten kamen zur Probe.
„Über das Musikstück für deinen Auftritt reden wir morgen bei deiner Übungsstunde", sagte Carlos mit gesenkter Stimme. Dann fügte
er noch hinzu: „Und nach dem Gottesdienst am Heiligabend könnten wir mit deiner Mutter auch für eine Stunde oder zwei zu mir
gehen. Es redet sich dort vielleicht ungezwungener als in der Kirche."
Carlotta nickte. „Das wäre schon gut, aber es kann sein, dass am
Heiligabend Besuch kommt."

6.

In der Übungsstunde am darauffolgenden Tag hatte Carlos es geschafft, Carlotta für Mozarts *Ave verum* zu gewinnen. Er hatte diese
Chormusik einige Jahre zuvor für zwei Violinen umgeschrieben,
und das Stück eignete sich sehr gut als feierlicher Abschluss des in
den Gottesdienst eingegliederten Konzerts.
Carlotta spielte die erste Stimme meisterhaft. So angespannt sie nun
wirkte, nachdem die Entscheidung getroffen war, die Heimlichkeit
des Geigenspiels zu beenden, so gelöster und befreiter erschien sie,
wenn sie sich der Musik widmen konnte.
Carlos verglich Carlotta mit sich selbst. Nein, so frei und selbstbe-
wusst, so voller Hingabe und Konzentration hatte er sich mit 17
Jahren nicht dem Geigenspiel gewidmet. Er war mit mehreren
Schülern in einer Gruppe zusammen gewesen; sein Bemühen war
immer, nicht aufzufallen. Seine Kumpane hätten gelästert, wenn sie
einmal miterlebt hätten, wie ausdrucksstark er spielen konnte. Er
hatte sich sogar bemüht, sein Mienenspiel unter Kontrolle zu halten.
Man hätte ihn sonst imitiert und gemeine Grimassen dabei gezogen.

Es wäre ihm sehr peinlich gewesen. Allmählich lernte er dann, sich mit Präzision gegen die anderen durchzusetzen.

Bei Sibille war es etwas anderes gewesen. Sie hörte stets andächtig zu, und bei ihr ließ er auch seinen Gefühlen freien Lauf und ließ die Violine lachen und schluchzen. „Du bist ein Genie", pflegte sie anschließend zu sagen, bevor sie ihn in den Arm nahm und küsste, „du wirst noch ein ganz großer Meister."

Er war stolz gewesen wegen dieser Komplimente, aber selbst hatte er gespürt, dass er nicht zu den wenigen begnadeten Künstlern gehören würde. Die letzten Stufen der Treppe, die den sehr guten Violinisten vom perfekten Virtuosen trennen, hatte er nicht nehmen können. Vielleicht schaffte es Carlotta.

Carlos war glücklich darüber, Heiligabend Mutter und Tochter zu sich nach Hause eingeladen zu haben. Eine offizielle Einladung war es zwar nicht gewesen, aber er hatte keine Bedenken, dass sich nach Carlottas Auftritt in der Kirche nicht von selbst eine derartige Situation ergeben würde, ja, ergeben müsste. Er konnte es kaum fassen, mit einer richtigen Familie, seiner Familie, Stunden des Weihnachtsfestes zu verbringen.

Mit Sibille würde sich alles aufklären. Sie war damals noch so jung gewesen, als sie ihre Entscheidung traf. Nun war sie Witwe und hatte, nach Carlottas Worten, keine sehr glückliche Ehe hinter sich. Es gab sicherlich viel zu erzählen und auch einiges zu verzeihen. Dass Carlotta keine Musikstunden nehmen sollte, musste mit Sibilles Erinnerungen an ihn zusammenhängen. Irgendwie war es verständlich, aber das konnte sich jetzt alles ändern. Heiligabend würden Carlotta und er Sibille die altvertrauten Weihnachtslieder vorspielen.

Wenige Tage vor dem Fest machte Carlos in der Stadt Besorgungen, denn er wollte Sibille und Carlotta ein kleines, delikates Festessen zubereiten. Im Geschäft zupfte ihn auf einmal jemand am Ärmel. Er drehte sich um und sah in das vertraute Gesicht seiner Bekannten, der Kunstlehrerin vom Gymnasium. Es war ihm, als seien Monate seit ihrer letzten Begegnung verflossen.

„Margaretha", stotterte er verlegen, „ich habe unsere letzte Verabredung vergessen."

„Nicht nur die letzte", kam die Antwort in gutmütigem Tonfall, „um Weihnachten bist du gar nicht ansprechbar, dann erfährt man von dir nur aus der Zeitung."

Er griff nach diesem gereichten Strohhalm: „Bald sind die hektischen Tage vorbei, dann kann man wieder zur Besinnung kommen. Entschuldige, Greta, ich bin im Augenblick einfach überfordert."

„Du siehst dabei ganz glücklich aus", erwiderte sie.

„Vielleicht bin ich es, vielleicht nicht. Greta, ich werde dir im neuen Jahr einiges zu erzählen haben. Jetzt bin ich etwas in Eile."

Greta nickte. „Wir sehen uns am 6. Januar? Wir wollten doch mit den Schülern zum Dreikönigssingen."

Es war Carlos, als würde man ihn in eine Realität zurückholen, in der er nichts mehr verloren hatte. Aber er nickte. „Ja, bis zum Dreikönigstag und ein frohes Fest, Greta."

„Frohes Fest, Carlos."

Es war das erste Mal seit Jahren, dass Carlos wieder ein Tannenbäumchen mit nach Hause brachte. Am Abend wühlte er in verstaubten Kisten auf dem Dachboden nach dem alten Weihnachtsschmuck und den Christbaumkerzen. Liebevoll breitete er alles auf dem Tisch aus. „Weihnachten", flüsterte er, „bald ist Weihnachten."

7.

Am frühen Morgen des 24. Dezember stand Carlos am Fenster seines Wohnzimmers und schaute hinaus in die weiß verschneite Welt. Noch immer fielen einzelne Flocken vom Himmel. Es war Weihnachtswetter, und Carlos sah darin ein gutes Vorzeichen für die kommenden und so entscheidenden Stunden, die vor ihm und Carlotta lagen. In ihm herrschte frohe Erwartung, gepaart mit einer Anspannung, wie er sie in seinem Leben, selbst vor entscheidenden Auftritten, noch nicht erfahren hatte.

Nach dem Frühstück räumte er sein kleines Reich sehr gewissenhaft auf, ordnete die Noten auf dem Klavier, besorgte Brennholz und schichtete es sorgfältig neben dem Kamin auf. Beim Hinausgehen warf er einen letzten Blick auf die geschmückte Weihnachtstanne. Was würde dieses Bäumchen an diesem Tag noch alles miterleben? Die kleine weihnachtlich herausgeputzte Stadt erschien Carlos in ganz besonderem Glanz, der Schnee auf der Brunnenfigur beim Marktplatz weckte Erinnerungen. Sibille und er waren auf dem Weg zum Schlittschuhlaufen gewesen. Sie kamen dabei an einem Brunnen vorbei.

„Schau dir die Figur an", hatte Sibille gelacht, „das ist der Hans im Glück, er hat es tatsächlich geschafft, vom Goldklumpen auf einen Stein zu kommen".

„Ja", hatte Carlos erwidert, „und als er den Stein auch noch los geworden ist, da erst war er richtig glücklich."

„Wie dumm von ihm", hatte Sibille gemeint. „Mit etwas Geschick und Verstand kann man aus einem Goldklumpen bald zwei machen."

„Und damit wäre der Hans dann besonders glücklich", hatte Carlos bezweifelt.

„Glücklich nicht", war von Sibille als Antwort gekommen, „aber er konnte damit zufrieden leben."

Aus der weit geöffneten Kirchentür fiel das Licht unzähliger Kerzen in die winterliche Welt. Carlos klopfte sich den Schnee von den Schuhen und trat in das geheizte Kirchenschiff. Die festliche Atmosphäre hüllte ihn ein. Einige der Musikschüler waren schon anwesend; sie stimmten ihre Instrumente. Carlos stieg hinauf zur Empore und erspähte Carlotta, die sich in ein Heft mit Noten vertieft hatte.

Er begrüßte sie herzlich und wunderte sich, dass sie keinerlei Anzeichen von Nervosität zeigte.

„Nervös?", sagte sie lächelnd, „das war ich gestern Abend. Heute bin ich zu konzentriert, um aufgeregt zu sein."

Die ersten Besucher des Gottesdienstes trafen ein. Nicht mehr lange, dann würden die Bänke alle besetzt sein.

„Dort ist Mama", flüsterte Carlotta ihrem Lehrer zu.

Carlos beugte sich über die Brüstung und erspähte eine Frau in einem eleganten weißen Wollmantel. Auf dem lockigen, nach hinten gekämmten Haar trug sie ein dunkelgrünes Käppchen. Kein Zweifel, es war die Frau, die er in der Konditorei mit Carlotta zusammen gesehen hatte. Es war Sibille. Sie nahm im Mittelschiff neben einem Pfeiler Platz. Carlotta atmete auf. Einen Blick auf die Empore konnte die Mutter von ihrer Perspektive aus nicht haben.

Das leise Reden der Besucher verstummte; der Gottesdienst begann. Wenn man Carlos später nach dem Inhalt der Predigt gefragt hätte, so wäre er in Verlegenheit geraten, denn er hätte zugeben müssen, dass er kaum hingehört hatte. Er war in der Kirche gewesen, um auf seine Weise mitzuhelfen, den Gottesdienst zu gestalten, und seine Weise war das Gelingen des musikalischen Teils im Rahmen dieser festlichen Handlung. An jeden kleinen Patzer, an jedes Kratzen des Geigenbogens würde er sich, selbst in exakter Reihenfolge, erinnern, die Predigt dagegen war eine Unterbrechung seines Einsatzes und nicht Teil seiner Aufgabe.

Carlotta spielte wunderbar, und sie schaffte es auch, die Unsicheren und Ungeübteren mitzureißen und machte ihnen durch ihre eigene Sicherheit Mut, das Zaghafte abzulegen und beherzt aufzutreten.

Das Ende des Gottesdienstes nahte. Für Carlotta und Carlos wurde es Zeit, von der Empore hinabzusteigen und in den Altarraum zu treten. Anmutig hielt Carlotta ihre Violine, ohne Verlegenheit trat sie vor ihr Publikum. Carlos stellte sich neben sie. Er sah hinüber zu dem Platz, auf dem er Sibille vermutete. Sie saß dort, erstarrt, eine Hand gegen den Pfeiler gestützt.

Carlotta begann, wenige Takte später hatte Carlos seinen Einsatz. Obwohl Carlos sich vorgenommen hatte, Sibilles Gesichtsausdruck zu beobachten, gelang ihm dies nicht oft. Carlotta zog ihn in seinen Bann. Sie stand dort in ihrem langen schwarzen Rock und weinroten Westchen anmutig und graziös und zeigte gleichzeitig Selbstsicherheit und Bestimmtheit wie eine lang erfahrene Kapellmeisterin. Das offene lockige Haar fiel ihr über die Schultern, ihre braunen Augen leuchteten. Es schien, als habe sie das Publikum vergessen. Carlos musste sie immer wieder anschauen.

Als sie geendet hatten, traten sie beide bescheiden zurück.

Der Pfarrer erteilte den Segen, die Gemeinde sang zum Abschluss einen feierlichen Choral. Dann leerte sich die Kirche allmählich.

8.

Die Kirchenglocken zum Ende des Gottesdienstes verstummten. Der Küster löschte die Kerzen am Weihnachtsbaum. Die Schüler, die ihre Instrumente eingepackt hatten, verabschiedeten sich von Carlos und Carlotta. Es wurde stiller und dunkler in der Kirche.

Sibille hatte die ganze Zeit über stumm neben dem Pfeiler gesessen. Nun erhob sie sich und kam auf Carlos und Carlotta zu. Ihre Augen schimmerten feucht, aber sie wirkte sehr beherrscht.

Carlos spürte sein Herz schlagen, aber auch er gab sich äußerlich ruhig. Er schaute zu Carlotta hinüber und bemerkte, wie das Mädchen mit einem Ausdruck fester Entschlossenheit und Willensstärke ihrer Mutter entgegensah.

„Carlotta", sagte Sibille in einem Ton, in dem sich Fassungslosigkeit, Ärger, Rührung und Stolz zugleich widerspiegelten, „ich bin so überrascht. Was soll ich dazu sagen?"

Die altvertraute Stimme, Sibilles Stimme, Carlos hätte sie unter Tausenden wiedererkannt.

„Und er ist dein Musiklehrer?" Sibille blickte Carlos voll an.

Carlotta nickte. „Mama, ich kenne deine Einstellung zur Musik, aber ich bin anders als du. Musik ist ein Teil meines Lebens."

„Das hat dir dein Lehrer gesagt?" Sibilles Stimme wurde um eine Nuance härter.

„Nein", erwiderte Carlos, „das ist ihre persönliche Einstellung, und damit ist sie zu ihrem Lehrer gekommen. Übrigens unterrichte ich sie noch nicht lange. Mit dem Geigenunterricht hat sie schon vor Jahren begonnen, da lebte sie noch in Bayern. Ihre Mutter sollte nur nichts davon wissen."

Sibille schaute von Carlotta zu Carlos, dann ließ sie den Blick durch das Kirchenschiff bis zum Altar gleiten. Schließlich sagte sie: „Carlotta, ich möchte einige Minuten allein mit deinem Musiklehrer sprechen."

„Schon in Ordnung, Mama", sagte sie und zog sich in eine der hinteren Bankreihen zurück.

Carlos und Sibille standen in der Nähe des Altarraums und blickten einander an. Ein einsamer Sonnenstrahl, der es geschafft hatte, die Wolkendecke zu durchdringen, fiel für einige Sekunden durch das Kirchenfenster und streifte über Sibilles dunkelblondes Haar, das unter dem Käppchen hervor schaute. Carlos lächelte unwillkürlich. Wie gern hatte er früher das tanzende Licht in Sibilles Haar beobachtet.

„Du hast gewusst, dass Carlotta deine Tochter ist, nicht wahr?", fragte Sibille ohne Umschweife. Aus ihrer Stimme war inzwischen jede Gefühlsregung verschwunden.

„Vor einigen Tagen begann ich es zu ahnen, als ich dich mit Carlotta zusammen in einem Café sah, aber Carlotta weiß von all dem nichts. Sie kam zu mir als eine von der Musiklehrerin der Schule empfohlene Schülerin."

„Es war nicht deine Initiative, mit Carlotta in Kontakt zu kommen?" Sibilles Frage klang abwägend.

„Nein", erwiderte er, „ich wusste bis zum jetzigen Augenblick nicht einmal mit Bestimmtheit, dass Carlotta deine und meine Tochter ist. Wenn man es so sehen will, dann hat uns das Schicksal zusammengeführt, nichts anderes."

Er wollte ihre Hand ergreifen, aber Sibille trat rasch einen Schritt zurück. Trotzdem ließ er sich nicht beirren.

„Sibille, wir sollten uns zusammensetzen und in Ruhe über alles reden. Ich würde gern erfahren, wie es dir geht, wie es dir in der Vergangenheit erging und welche zukünftigen Träume du noch verwirklichen möchtest. Und wir müssen über Carlotta reden, sie ist so begabt."

Sie unterbrach ihn: „Unser gemeinsames Leben, Carlos, hat damals geendet, als ich dir Lebewohl gesagt habe. Ich habe danach viele Tränen vergossen, denn ich liebte dich mehr als ich mir eingestehen wollte. Der Vorname Carlotta, den ich später unserer Tochter gab, entsprang nochmals einer solchen Gefühlsregung. Aber wenn ich zurückblicke und über alles nachdenke, dann hatten meine Eltern Recht. Wir passen nicht zueinander, ich wäre an der Seite eines Musikers unglücklich geworden. Ich bin kein Idealist wie du. Und ich möchte auch nicht, dass Carlotta Idealen nachläuft und später bittere Enttäuschungen erleben muss."

„Sibille!" Carlos wurde aufgebracht, aber in dem Bewusstsein, wo er sich befand, dämpfte er die Stimme: „Das alles ist dir damals eingeredet worden, und das glaubst du noch bis heute. Carlotta hat mir nicht viel erzählt, aber aus dem, was sie mir mitgeteilt hat, konnte ich eindeutig schließen, dass du vielleicht in Wohlstand gelebt hast, aber deine Ehe nicht glücklich war."

„Carlos, du wärmst vergangene Geschichten auf, Geschichten, die dich gar nicht mehr betreffen", erwiderte sie.

„Dann lass uns in die Gegenwart zurückkehren." Seine Stimme bekam einen bitteren Unterton. Die Freude, die noch wenige Minuten zuvor in seinen Augen geglänzt hatte, war einem sehr nüchternen Ausdruck gewichen. „Es geht um Carlotta. Willst du ihre Begabung brach liegen lassen, weil, deiner Meinung nach, Musiker unstete Menschen sind, voller Ideale und es in der Welt zu nichts bringen? Willst du ihr, entgegen ihrer eigenen Veranlagung, einen Weg vorschreiben, der deiner Auffassung nach die Straße zum Glück ist?"

„Ich will sie vor Kummer bewahren, Carlos" – Sibilles Stimme klang zwar weicher, aber doch entschlossen – "ich möchte, dass sie einen Beruf ergreift, bei dem sie mit beiden Beinen fest auf dem Boden der Realität steht."

Carlos ließ sie nicht ausreden: „Sibille, der Beruf eines Musikers basiert ebenso auf der Realität wie andere Berufe. Überall gibt es Erfolge und Misserfolge. Man muss sich nur, die Erfolge betreffend, nach der Decke strecken und darf nicht nach den Sternen greifen."

In Sibilles Augen blitzte es auf. „Dann", erwiderte sie mit ironischem Ton, „hängen aber die niedrigsten Decken für manche, die sich Musiker nennen, noch unerreichbar hoch."

Carlos zuckte innerlich zusammen, aber er ließ sich nicht anmerken, wie tief ihn diese Äußerung getroffen hatte. Am liebsten hätte er sich abwenden wollen, aber es stand immer noch die ungeklärte Frage um Carlottas Geigenunterricht im Raum.

„Wie soll es mit Carlotta weitergehen?", fragte er sachlich.

Sibille schien zu überlegen. In der Stille, die nun entstand, war deutlich das Öffnen der Kirchentür zu vernehmen. Ein Mann trat ein, schaute sich suchend um und ging dann langsam auf Carlotta zu, die mit einem sehr nachdenklichen Gesichtsausdruck auf die beiden Menschen vor dem Altar schaute.

„Mein Freund", sagte Sibille, „er ist Manager bei einer großen Fluggesellschaft. Wir werden kurz nach Ostern heiraten und nach Bremen fortziehen. Carlotta kommt natürlich mit." Nach einer Pause sprach sie weiter: „Schau, Carlos, Carlotta und ich haben bisher unser Leben ohne dich geführt, und wir werden es auch weiterhin ohne dich führen. Ich habe in Bezug auf Carlotta nie Ansprüche an dich gestellt, also solltest du jetzt auch nicht mit Forderungen in unser Leben eindringen. Die Monate, die wir hier in dieser Stadt verbringen, sind eine Episode. Eine Zeitlang wird Carlotta noch von ihrem netten Musiklehrer sprechen, dann entwickelt sie neue Pläne und neue Vorstellungen. Mische dich bitte nicht weiter ein."

Carlos holte tief Luft. „Du willst damit sagen, dass du Carlotta nicht die Wahrheit sagen willst, wer in Wirklichkeit ihr Vater ist?"

„Genau, das will ich damit sagen!" Sibilles Aussage war eindeutig. „Aber", fügte sie dann hinzu, „du könntest sie noch die wenigen Monate weiter unterrichten. Es würde in der Stadt allzu merkwürdig aussehen, wenn ich ihr jetzt, nach diesem erfolgreichen Auftritt, den Unterricht verbieten würde."

„Daran denkst du, an deinen Ruf in dieser Stadt", erwiderte er bitter. „Und ich darf ihr natürlich auch nicht sagen, wer ich in Wirklichkeit bin?"

„Natürlich nicht." Sie wandte sich langsam ab. „Damit dürfte zwischen uns alles geklärt sein."

Er hatte das Gefühl, als würde er langsam von innen versteinert.

„Einen Augenblick noch, Sibille", sagte er mit letzter Kraft. „Ich mache deine Farce mit, aber unter einer Bedingung. Du sagst Carlotta die Wahrheit über ihre wahre Identität, wenn sie danach fragt. Wenn sie es wirklich wissen will, wirst du ihr nichts verschweigen."

Sie schaute ihn erneut an. „Warum sollte Carlotta jemals fragen? Sie ist in der festen Annahme, ihr Vater wäre gestorben."

„Versprich es mir", sagte Carlos.

Sibille wendete sich dem Ausgang zu. Dort, unweit der Kirchentür, saßen ihr Freund, der Manager, und Carlotta in leisem Gespräch beisammen.

Mit einer etwas oberflächlichen Geste reichte sie Carlos die Hand. „Nun gut, versprochen", sagte sie.

9.

Carlos sah hinter den drei Menschen her, die die Kirche verließen. Zwei von ihnen waren ihm sehr vertraut; fast wären sie seine Familie gewesen. Doch sie drehten sich nicht mehr zu ihm um. Sie gingen ihre eigenen Wege.

Er blieb eine Weile vor dem Altar stehen. Im Kirchenschiff war es bereits dunkel geworden, die Feier war unwiederbringlich vorüber, und eine Entscheidung war gefallen. Für eine Stunde, für die vergangene Stunde, hatte Carlos geglaubt, eine Familie zu haben, eine Frau und eine Tochter. Es war der schönste und zugleich festlichste Augenblick seines Lebens gewesen. Nun war alles vorbei, die Illusion zerstört. Langsam drehte er sich zum Altar um.

„Danke", sagte er, „danke, dass es mir vergönnt war, in mir so tiefe Gefühle der Liebe spüren zu dürfen." Und nach einem Moment des Schweigens ergänzte er: „Und danke dafür, dass Du mir die Augen geöffnet hast."

Mit schleppendem Schritt ging er auf die Kirchentür zu, im Arm hielt er seine Violine. Draußen fiel der Schnee in feinen Flocken. Die festliche Beleuchtung der kleinen Stadt, die Carlos noch am Morgen in feierliche Stimmung versetzt hatte, erschien ihm nur noch wie vorgegaukelte, geheuchelte Freude. Er schlug den Weg zum alten Stadttor ein, dann wanderte er langsam hinunter zum Fluss. Keine Menschenseele hielt sich an diesem Tag hier auf. Um ihn her lag die verschneite Landschaft in grauem, kaltem Zwielicht. Lange blickte er in das träge fließende eiskalte Wasser hinunter. Erst als ihm das laute Gekrächze von Raben allzu unangenehm in den Ohren klang, wendete er sich ab und ging langsam zurück in die Stadt. Ziellos lief er hier noch eine Weile in den schmalen Gässchen umher, dann entschied er sich schließlich für den Heimweg.

Im Hauseingang kam ihm der Verwalter entgegen.

„Sie haben Besuch bekommen", sagte er, „eine junge Dame. Ich wollte sie nicht so lange in der Kälte warten lassen, darum habe ich mir erlaubt, Ihre Wohnung aufzuschließen und die junge Frau einzulassen."

Carlos schaute irritiert. „Eine junge Dame?" Er kannte keine junge Dame, die ihn am Heiligabend besuchen würde; außerdem wollte er gern allein sein.

Er klopfte den Schnee von seinem Mantel, stieg die Treppe hinauf und öffnete die Wohnungstür. Die Kerzen an seinem Tannenbaum brannten und ein Holzfeuer knisterte im Kamin. Vor dem Kamin stand ... Carlotta!

„Vater!", rief sie mit tiefer Freude in der Stimme und lief mit ausgestreckten Armen auf ihn zu.

Weihnachten bei den Großeltern

1.

Als ich Kind war, durfte ich oft die Weihnachtsferien bei meinen Großeltern verbringen. Meine Eltern besuchten unterdessen meinen Bruder, der im Allgäu in einem Sportinternat untergebracht war. In den Tagen vor ihrer Abreise betrachtete ich neidlos, wie die Eltern die Skiausrüstungen zusammenstellten und sich schon voller Vorfreude über die sichersten Pisten und besten Abfahrten unterhielten. Ich glaube sogar, mich erinnern zu können, dass ich meine Eltern ein bisschen bedauerte, weil ihnen all die Herrlichkeiten zu den Weihnachtstagen bei Oma und Opa völlig entgingen.

Meine Großeltern besaßen einen Bauernhof in einem stillen Seitental im Sauerland. Hier lebten außer Oma und Opa auch noch Onkel Hermann, Tante Juliane und meine Cousine Lisa-Marie, die ein Jahr älter ist als ich. Außerdem gehörten zu dem Hof, abgesehen von den Kühen und Schweinen, die ich nicht alle auseinander halten konnte, der Hund Karo und die beiden Katzen Mia und Susi. Ja, natürlich, Hühner gab es dort auch noch und ungefähr zehn Schafe, die immer so entsetzlich blökten, wenn sie auf die Weide getrieben wurden. Ich durfte jederzeit in alle Ställe und die Tiere besuchen. Mitunter konnte ich Opa beim Füttern der Kühe helfen, dann durfte ich das Heu in den Trögen verteilen.

Im oberen Stockwerk des Bauernhauses befanden sich die Schlafzimmer. Wenn ich dort war, bekam ich immer Mamas altes Mädchenzimmer, in dem sich so herrlich Verstecken spielen ließ, weil hier so viele Vorhänge hingen. Außerdem stand hier noch Mamas alter Puppenwagen mit zwei Puppen in altmodischen Kleidchen, und in einer Ecke saß der Plüschbär Teddy mit einem eingerissenen Ohr. Mein Bett, eigentlich Mamas altes Bett, hatte karierte Vorhänge, und es machte Spaß, darin zu schlafen. Vom Fenster aus konnte man über den Obstgarten bis zur Tannenschonung sehen. Opa verkaufte jedes Jahr einen Teil der kleinen Tannen als Weihnachtsbäume.

Von den Weihnachtstagen, von denen ich nun erzählen will, habe ich die intensivsten Erinnerungen. Ich war damals neun Jahre alt.

Am letzten Schultag vor den Ferien fing es an zu schneien. Ich mochte Schnee unheimlich gern, denn damit kam erst die richtige Weihnachtsvorfreude auf. In der Schule wurde die Weihnachtsgeschichte vorgelesen; ich konnte mich aber nicht mehr richtig konzentrieren, denn in Gedanken war ich schon bei Oma und Opa und sah uns alle am Heiligen Abend zur Bescherung im Weihnachtszimmer sitzen.

Daheim packte Mama zwei große Reisetaschen; in die eine verstaute sie die Dinge, die ich bei Oma und Opa brauchte, in die andere kamen die Geschenke, die ich zu Weihnachten an Oma, Opa, Onkel Hermann, Tante Juliane und Lisa-Marie verschenken sollte.

Ich packte auch noch einen Karton, in den ich hineinstopfte, was ich selbst gern mitnehmen wollte, darunter natürlich auch meine selbst gebastelten Geschenke für Oma und Opa. Obenauf legte ich Molly, mein Plüschkaninchen, das mich auf jeder Reise begleitete. Aufgeregt lief ich viele Male vom Kinderzimmer ins Wohnzimmer und schaute nach, ob ich auch nichts Wichtiges vergessen hatte.

Papa drängte zum Aufbruch. Er wollte nicht so spät losfahren, denn die Fahrt zu Oma und Opa dauerte fast zwei Stunden. Mama nahm mich in den Arm und drückte mich fest und ging schließlich mit bis zum Auto, um hinterher winken zu können.

Und dann saßen wir im Auto und rollten über verschneite Straßen in Richtung Sauerland davon. Die Schneeberge an den Wegen wurden immer höher, je weiter wir in das hügelige Land hineinkamen. Die Tannen trugen Schneelasten. Ich jubelte, das war richtiges Weihnachtswetter.

2.

Oma und Opa erwarteten uns schon. Ich tanzte um sie herum und freute mich riesig, sie endlich wiederzusehen. Karo bellte mich an und wedelte gleichzeitig mit dem Schwanz. „Er freut sich auch", sagte Opa.

Zusammen mit Papa gingen wir in die große Bauernküche; hier gab es Kaffee, Kakao, Stollen und Obstkuchen.

Als ich satt war und begann zappelig zu werden, nahm Opa mich mit in den Stall. Hier sagte ich allen Tieren „Guten Tag" und streichelte Mia und Susi. Später rief Oma mich wieder herein; ich sollte meine Reisetaschen auspacken. Das tat ich gern, denn es ist spannend, Weihnachtsgeschenke so zu verstecken, dass kein anderer sie vor dem Fest entdecken kann.

Als ich wieder ins Wohnzimmer kam – Oma nannte es immer die „gute Stube" – , verabschiedete sich Papa gerade.

„Es ist schon dunkel draußen und Zeit, dass ich heimfahre", sagte er.

Ich drückte ihn ganz fest und er meinte: „Nächstes Jahr bist du groß genug, dann kommst du mit ins Allgäu."

„Och, nö", brachte ich vor, „ich möchte lieber bei Oma und Opa Weihnachten feiern." Ich half Papa, das Auto vom Schnee zu befreien, dann fuhr er davon.

Oma holte mich in die Küche. Hier roch es nach weihnachtlichen Gewürzen, denn Oma begann mit der Weihnachtsbäckerei. Ich durfte ihr helfen, Teig auszurollen und Herzen und Sternchen auszustechen. Als das belegte Kuchenblech im Herd verschwunden war, sagte sie:

„Gitte, heute Abend könnte ich dir ein Weihnachtsgeheimnis zeigen. Aber dann darfst du nicht allzu lange bei Lisa-Marie bleiben, denn wir müssen deshalb noch einmal aus dem Haus."

O, was war das spannend. Ich wurde schon ganz kribbelig. "Was ist es denn, Oma?", bettelte ich. Aber sie verriet nichts. Ich musste also abwarten.

Lisa-Marie wohnte in dem neuen kleinen Bungalow am Rande des Hofes. Man brauchte nur über den Platz mit der dicken Buche zu gehen. Die Buche war tief verschneit und sah im Laternenlicht wunderschön aus.

Lisa-Marie und Tante Juliane erwarteten mich schon, Onkel Hermann war noch nicht aus der Stadt zurück. Wir gingen ins Wohnzimmer und halfen Tante Juliane, Fensterbilder anzubringen. Alle Bilder hatten winterliche Motive und machten das Zimmer richtig heimelig.

Lisa-Marie erzählte mir, was sie in der Zwischenzeit, seit wir uns das letzte Mal gesehen hatten, alles erlebt hatte. Ich erzählte von der Schule und unserer netten neuen Lehrerin. Dann verrieten wir einander unsere Weihnachtswünsche. Lisa-Marie wünschte sich nichts sehnlicher als einen kleinen Hund. „Dann hätte ich immer einen Spielkameraden, das wäre schön", sagte sie.

Später gingen wir in ihr Zimmer und beschäftigten uns mit dem Kaufladen.

Draußen hatte es wieder angefangen zu schneien. Wir beobachteten im Schein der Hoflampe, wie Opa mit dem Schneepflug vor dem Traktor losfuhr, um die Straße zu räumen. Dicke Schneeberge türmten sich bereits zu beiden Seiten des Weges.

Als Tante Juliane zu uns ins Kinderzimmer kam und fragte, ob ich mit zu Abend essen wolle, schüttelte ich energisch den Kopf.

„Ich muss noch etwas mit Oma unternehmen", sagte ich.

Darauf wurde Lisa-Marie sehr neugierig, aber mehr konnte ich nicht verraten, denn ich wusste ja selbst nicht, um was es ging.

„Kurz vor Heiligabend muss man nicht alles wissen wollen", meinte Tante Juliane.

Zurück bei Oma musste ich mich noch ein bisschen gedulden, denn die Tochter vom Nachbarn war zu Besuch gekommen und plauderte mit Oma über ihre Geburtstagsfeier und eine bevorstehende Silberhochzeit in der Nachbarschaft. Schließlich lud sie uns alle für den nächsten Nachmittag zur Schulaufführung „Aschenputtel im Winter" ein. Oma sagte zu, und ich war ganz begeistert.

3.

Endlich waren Oma und ich allein.

„Schlüpf schnell in deinen dicken Wintermantel und in die Stiefel. Dann gehen wir los", sagte Oma.

Draußen nahm sie die altmodische Stalllaterne vom Haken, und dann stapften wir uns durch den Schnee Richtung Wald zu dem kleinen Fachwerkhaus, in dem ein Verwandter von Opa wohnte. Onkel Erich war sonst immer ein bisschen mürrisch zu uns Kindern, aber jetzt war er sehr nett und führte uns in den Stall zu einem kleinen Verschlag. Hier im Heu lag die Hündin Tinka, und um sie herum spielten zwei süße, kleine Hundekinder. Waren die kleinen Hunde niedlich! Ich wollte sie gerne streicheln, aber Oma warnte:

„Sei vorsichtig! Tinka ist eine gute Hundemama und passt auf ihre Kleinen auf; sie könnte beißen."

„Ich will ihnen doch gar nichts tun", sagte ich.

„Das weiß Tinka aber nicht", erwiderte Onkel Erich.

Ich beschränkte mich aufs Zuschauen und konnte mich überhaupt nicht satt sehen. Die Hundekinder hatten braunes, lockiges Fell und waren so lieb und drollig und noch ein bisschen tolpatschig.

„Sie sind jetzt sieben Wochen alt und so gut wie entwöhnt." Onkel Erich schaute die Kleinen liebevoll an. „Es ist die richtige Zeit, dass sie sich an ihr neues Herrchen oder Frauchen gewöhnen und anfangen zu lernen, was später ein guter Familienhund alles können muss." Er zwinkerte mir zu: „Ja, ja, auch Hunde müssen in die Schule gehen."

Ich staunte. „Ist das wahr?"

Oma lachte. „Na ja, eine richtige Schule ist es natürlich nicht, aber lernen müssen sie schon, wie man sich als Hund in einer Familie benehmen muss."

„Das sollst du jetzt ganz geheim halten", sagte Oma. „Ein kleiner Welpe ist ein Weihnachtsgeschenk für Lisa-Marie."

Ich war begeistert. „Da wird sie sich aber riesig freuen. Sie wünscht sich ja so sehr einen Hund."

Glückliche Lisa-Marie! Ich schaute sehnsüchtig auf die kleinen Hundekinder.

„Oma", platzte ich schließlich heraus, „kann ich nicht das andere Hundebaby bekommen? Ich verzichte auch auf alle anderen Weihnachtsgeschenke; ich möchte auch so gerne einen Hund haben."

Meine Großmutter sah mich nachdenklich an. „Aber das geht nicht, Gitte. Überlege doch, ihr habt eine Wohnung in der Stadt, das Tier hat dort keinen Auslauf, und wer will sich darum kümmern, wenn du in der Schule bist?"

Ich schluckte. Oma hatte ja Recht. Was sie aufzählte, waren wirklich unüberwindliche Hindernisse.

„Einer von den kleinen Hunden kommt doch auf den Hof, Gitte. Lisa-Marie wird bestimmt nichts dagegen haben, wenn du mit ihm spielst."

Ich nickte. „Und welchen von den beiden bekommt Lisa-Marie?", fragte ich dann.

„Für welchen würdest du dich entscheiden?", fragte Oma mich.

Ich betrachtete die Hundemama, die ein dichtes, lockiges, braunes

Fell hatte, dann wieder die beiden tapsigen Jungen. Das kleinere der beiden Hundekinder hatte einen niedlichen weißen Fleck auf der Brust. Der kleine Hund schaute mich mit treuen, braunen Augen an und winselte leise.

„Den kleinen Welpen mit dem Fleck würde ich nehmen", entschied ich.

„Mal sehen", sagte Oma ausweichend.

Als wir im Schein der Laterne durch den Schnee zum Hof zurück stapften, begann ich, Weihnachtslieder zu singen. In mir war eine riesige Vorfreude auf das Fest.

4.

Am nächsten Morgen schneite es immer noch. Während Oma und ich beim Frühstück saßen, klingelte das Telefon. Mama rief an und wollte wissen, ob es uns allen gut ginge; dann hatte sie ganz viel mit Oma zu besprechen.

Großmutter sagte immer wieder: „Aber das ist ja wunderbar, Carola."

Dann sprachen sie von Renovierungen und passenden Möbeln und von einem Umzug. Ich konnte mir keinen Reim darauf machen, aber schließlich verstand ich auch nur, was Oma hin und wieder sagte. Mama, am anderen Ende der Leitung, redete wie ein Wasserfall.

Mir wurde langweilig. Ich schlüpfte aus dem Zimmer, zog den Anorak über und stieg in die Stiefel. Dann lief ich hinaus auf den Hof. Opa hatte inzwischen die frisch geschlagenen Weihnachtsbäume aus der Schonung angefahren. Er sortierte sie nach Größe und stellte sie zum Verkauf vor der Scheune auf. Ich durfte helfen und die ganz kleinen Bäume in der Nähe vom Eingang aufrichten. Sie schneiten schnell zu, ich musste sie immer wieder vom Schnee befreien.

Dann kam der erste Kunde vorgefahren. Ich hopste herum und hoffte, dass Opa einen Baum verkaufen würde. Er verkaufte nicht nur einen Baum, sondern gleich zwei. Ich hatte den Kunden nämlich auf unsere schönen kleinen Tannenbäume aufmerksam gemacht, und da meinte er, dass er gleich noch einen Baum für seine Mutter mitnehmen könnte. „Tüchtiges Mädchen", lobte Opa mich.

Dann kam Lisa-Marie. Wir beschlossen, einen Schneemann zu bauen. Dafür suchten wir uns eine Stelle aus, bei der wir den Käufern der Weihnachtsbäume nicht im Weg waren.

Nun rollten wir unsere dicken Schneekugeln, klopften sie zwischendurch fest und rollten weiter. Opa half uns schließlich, sie aufeinander zu türmen und ihnen ein bisschen Form zu geben. Die Mohrrübe für die Nase besorgten wir aus dem Stall; Oma gab uns zwei Kohlenstückchen für die Augen und überließ uns auch einen alten Reisigbesen, den wir dem Schneemann in den Arm geben konnten. Opa stülpte ihm noch einen verbeulten Eimer auf den Kopf. Nun hatten wir den schönsten Schneemann der Welt!

„Vielleicht steht er ein bisschen zu dicht an der Straße", meinte Opa. „Wenn es so weiter schneit, dann wird er beim Schneeräumen zugeschüttet.",

Da hatte Lisa-Marie auf einmal eine gute Idee. Wir liefen zu ihr nach Hause und fragten Tante Juliane, ob sie ein größeres Stück Pappe hätte. Sie gab uns den Deckel von einem Schuhkarton, und auf diesen schrieben wir mit großen Buchstaben *Weihnachtsbäume zu verkaufen*. Darunter malten wir einen dicken roten Pfeil. Dann ging es wieder hinaus zu unserem Schneemann, und wir hängten ihm das Plakat um.

„Das ist aber eine originelle Idee", schmunzelte Opa. „Dafür gehört euch auch die Einnahme aus meinem nächsten Weihnachtsbaumverkauf."

Nun warteten wir gespannt, wer sich als nächster für die Bäume interessieren würde. Wir hatten Glück. Ein junger Mann kam in einem Wagen mit Anhänger und kaufte den größten Baum, den Opa anzubieten hatte.

„Er ist für die Weihnachtsfeier in der Schule", sagte der junge Mann zu Opa.

Wir lachten und kicherten und warfen uns gegenseitig verschmitzte Blicke zu.

„Ihr seid aber ein lustiges Völkchen", meinte der junge Mann. Er wusste ja nicht, warum wir uns so freuten.

„Dann sehen wir den Tannenbaum heute Nachmittag wieder", fiel Lisa-Marie auf einmal ein. „Wir fahren alle zur Theateraufführung in der Schule, Mama auch."

Oma rief uns zum Mittagessen. Lisa-Marie kam auch mit, denn Tante Juliane war in die Stadt gefahren, um Besorgungen zu machen.

„Habt ihr auch keine nassen Füße bekommen?", fragte Oma besorgt.

Wir verneinten, wir fühlten uns rundum wohl. Lisa-Marie begann laut zu singen: „Zweimal werden wir noch wach, / heißa, dann ist Weihnachtstag."

Sie wollte auch noch bei Bratwurst und Rotkohl weitersingen, aber da musste sie sich verschlucken.

„Das hat man davon", meinte Opa.

Nach dem Essen halfen wir Oma in der Küche. Ich stupste Oma ein paar Mal in die Seite, denn mir war etwas Wichtiges eingefallen.

„Oma", flüsterte ich in einem unbemerkten Augenblick, „der kleine Hund braucht doch auch einen Fressnapf."

„Pscht", machte Oma, „morgen fahrt ihr in die Stadt."

Ich machte einen Luftsprung, denn ich wusste, dass in der Kreisstadt Weihnachtsmarkt abgehalten wurde.

5.

„Für die Schulfeier müsst ihr euch ein bisschen feiner anziehen", bemerkte Oma. „Seht zu, dass ihr fertig werdet, denn die Aufführung fängt auch ohne euch an."

Wir sahen ein, dass wir uns beeilen mussten. Lisa-Marie flitzte hinüber ins Nachbarhaus. Als wir nach draußen kamen, war Opa gerade dabei, die Schneeketten am Auto zu befestigen.

„Wer weiß, wie die Straßen heute Abend aussehen. Es sind weitere Schneefälle gemeldet", erklärte er. „Wir sind lieber ein bisschen zu vorsichtig als zu nachlässig."

Oma, Opa, Tante Juliane, Lisa-Marie und ich machten uns auf den Weg. Riesige Schneeberge türmten sich zu beiden Seiten der Straße auf.

Als wir uns der Ortschaft näherten, sahen wir schon überall die Wegweiser zur Theateraufführung. In der Aula der Schule war es sehr warm und brechend voll. Zusätzliche Stühle wurden noch reingetragen.

Wir ergatterten gute Plätze, weil vor uns eine Familie aufstand und hinausging. „Es ist hier unerträglich heiß", sagte die Frau, „das hält man ja nicht aus." Im Nu hatten wir die Stühle belegt.

Nach kurzer Zeit wurde es im Saal dunkler, der Vorhang vor der kleinen Bühne öffnete sich. Das Bühnenbild zeigte eine Stube mit alten Möbeln, im Vordergrund standen ein Tisch und drei Stühle. Zuerst kam die böse Stiefmutter herein. Sie führte Selbstgespräche und beschloss, Aschenputtel noch am Abend durch den dunklen Wald zum Krämer zu schicken. Manche der Zuschauer riefen: „Buh, wie gemein!"

Ich blieb aber ganz still sitzen, denn ich wollte nichts vom Märchen verpassen. Dann erschien die böse Tochter; sie hatte ein rosafarbenes Kleid mit vielen Rüschen an und war frech und dreist. Sie wollte, dass Aschenputtel ihr auch noch etwas vom Krämer mitbringen sollte.

Dann kam Aschenputtel auf die Bühne. Sie trug ein armseliges Kleid und hatte lange Zöpfe. Ganz brav sah sie aus; einige Zuschauer klatschten begeistert und riefen: „Prima, prima!"

Ich vertiefte mich ganz in das Märchen. Obwohl ich den Ausgang kannte, war es spannend und wunderschön.

Auch Lisa-Marie war hellauf begeistert. „Heute Abend", flüsterte sie mir zu, „spielen wir das auch. In deinem Zimmer hängen so wundervolle Vorhänge, die können wir dafür gebrauchen." Ich nickte, die Idee war gut.

Als die Theateraufführung beendet war, ging mehrmals der Vorhang auf und zu, und die Mitspieler verneigten sich vor den Zuschauern. Es wurde lange und laut geklatscht.

Draußen herrschte dichtes Schneetreiben. Die Wagen sahen aus wie in dicke Watte gepackt. Wir brauchten eine Weile, bis unser Auto wieder fahrbereit war.

„Es ist wie im verschneiten Aschenputtel-Wald", dachte ich laut, „gleich kommt der Prinz und bringt uns einen vergoldeten Schuh."

Noch vor dem Abendessen mussten die Tiere im Stall versorgt werden. Lisa-Marie und ich halfen Opa dabei.

Leise sagte ich zu meinem Großvater: „Ich wünsche mir eigentlich gar keinen Prinzen, ich möchte viel lieber einen kleinen Hund haben."

Er sah mich nachdenklich an. „Ich will mal mit Oma darüber sprechen", sagte er schließlich. „Jetzt, wo ihr die Möglichkeit hättet ...."

„Welche Möglichkeit, Opa?"

Aber er sagte nichts mehr darauf.

Nach dem Abendessen fragte ich Oma, ob wir in meinem Zimmer Theater spielen dürften.

„Aber lasst die Vorhänge da, wo sie sind", erwiderte Oma voller Vorahnung. „Ich gebe euch eine Kiste mit alten Kleidern, dann könnt ihr euch nach Herzenslust verkleiden."

Kurze Zeit später durchwühlten wir Omas Kramkiste. Wahre Wunderdinge kamen zum Vorschein. Ein langes Kleid mit Schleppe fanden wir freilich nicht, aber Blusen mit Spitze und zwei lange Röcke. Wir spielten das ganze Aschenputtel-Märchen nach; manches änderten wir ein bisschen ab, weil uns weitere Mitspieler fehlten.

Schließlich kam Oma herein und sagte zu Lisa-Marie, dass es höchste Zeit sei, heimzugehen. Es war wirklich recht spät geworden, wir hatten es nur nicht gemerkt.

Als ich schon im Bett lag und Großmutter noch einmal hereinschaute, fragte ich: „Oma, was sind das jetzt für andere Möglichkeiten, die wir haben?"

„Warte bis Heiligabend", sagte sie nur.

6.

Irgendwann in der Nacht hatte es aufgehört zu schneien. Überall lag der Schnee dick und hoch. Die Weihnachtsbäume, die Opa verkaufen wollte, lagen unter einer Schneedecke begraben. Gleich nach dem Frühstück begann er, sie von ihrer Last zu befreien.

Lisa-Marie und ich schaufelten unseren Schneemann wieder frei. Auf seinem Eimerhut lag eine Schneeschicht, die fast genauso hoch war wie der Eimer selbst.

Der Nachbar, der an diesem Tag Räumdienst hatte, hielt mit dem Schneepflug an und meinte, dass es seit über zehn Jahren nicht mehr so viel Schnee zu Weihnachten gegeben hätte wie in diesem Jahr. Im Nachbartal sei eine Schneelast von einer Fichte gerutscht und habe eine Überlandleitung getroffen. Nun säßen einige Familien dort ohne Strom. Das klang schon weniger lustig. Bisher hatten Lisa-Marie und ich nur über die schönen Seiten des Winters nachgedacht.

Onkel Hermann kam und sagte, dass er nach dem Mittagessen ins Nachbartal hinüberfahren wollte. „Ich bringe Tante Luise ein Weihnachtsgeschenk und schaue, ob bei ihr alles in Ordnung ist, oder ob sie wegen des Stromausfalls Hilfe braucht."

Lisa-Marie drängte: „Ich möchte gerne mitfahren."

Ich kannte Lisa-Maries Tante nicht und beschloss, lieber bei Oma zu bleiben. Vielleicht konnte ich noch etwas von den „neuen Möglichkeiten" und dem kleinen Hund in Erfahrung bringen.

„Kommt nicht zu spät heim", sagte Opa zu Onkel Hermann. „Juliane will nachher noch mit den Kindern zum Weihnachtsmarkt fahren."

So sehr ich an diesem Nachmittag Oma auch anbettelte, mir etwas über den kleinen Hund zu erzählen, ich erfuhr einfach nichts. Sie hüllte sich beharrlich in Schweigen. So zog ich mich mit einem Buch in Mamas altes Zimmer zurück und wartete auf Lisa-Maries Rückkehr.

Wenig später kam sie zu mir hoch gestürmt. „Der Strom ist wieder da", berichtete sie. „Es ist alles in Ordnung drüben im Nachbartal."

Draußen ging die Autohupe. „Wer in fünf Minuten nicht fertig ist, fährt nicht mit zum Weihnachtsmarkt!", rief Tante Juliane zu uns hoch. Natürlich waren wir fertig.

Die Fahrt in die Kreisstadt dauerte länger als sonst, denn wir mussten sehr langsam fahren. Tante Juliane parkte den Wagen in der Nähe vom Weihnachtsmarkt. Bis zu unserem Auto herüber wehten die herrlichen Düfte von gebrannten Mandeln, Glühwein, Weihnachtsplätzchen, Reibekuchen und Bratwürstchen. Wir waren schon ganz kribbelig, denn bei den weihnachtlich geschmückten Holzhäuschen gab es wunderschöne Auslagen. Die Auswahl war groß und reichte über Krippen aus Holz und Rinde, Kerzen und Wachsfiguren, Stoffpuppen, Weihnachtspyramiden, Duftseifen, Räucherkerzen, Honig und Fruchtsäften bis zu Holzschnitzereien und Schmuck für den Weihnachtsbaum.

Lisa-Marie und ich bummelten von Bude zu Bude, und wir konnten uns kaum satt sehen. Ich hatte mein Taschengeld eingesteckt, denn ich wollte für Oma und Opa noch eine Weihnachtsüberraschung kaufen. Als Lisa-Marie zielstrebig auf einen Stand mit Puppen zuging, zupfte mich Tante Juliane am Ärmel.

„Dort drüben an der Straße ist eine Zoohandlung", flüsterte sie mir zu, „da könntest du für das Hundekind einen Fressnapf kaufen." Sie drückte mir einen Geldschein in die Hand. „Und lass den Napf gut einpacken, sonst errät Lisa-Marie, was darin ist."

Ich drehte mich um und wollte loslaufen, da winkte sie mich noch einmal zurück. „Gitte", sagte sie leise, „kaufe doch am besten zwei Näpfe."

„Zwei?", fragte ich zweifelnd.

„Ja, hm, äh" – Tante Juliane zögerte – „Karo könnte doch zu Weihnachten auch einen neuen Napf bekommen."

„Klar, mach' ich doch", erwiderte ich.

In der Zoohandlung musste ich zuerst an Aquarien, dann an Käfigen mit Goldhamstern und Meerschweinchen vorbei. Schließlich kam ich zur Abteilung „Alles für den Hund". In einem Regal entdeckte ich Hundenäpfe in verschiedenen Größen und Farben.

Ratlos stand ich davor, bis mich eine nette Verkäuferin ansprach: „Wie groß ist denn der Hund?"

Ich zeigte mit ausgestreckten Armen die Größe des Welpen an. „Aber er wächst noch", fügte ich hinzu.

Sie schaute etwas irritiert. „Welche Rasse ist es denn?", fragte sie weiter.

„Braun und lockig mit ganz süßen Schlappohren", antwortete ich, in Gedanken ganz bei den niedlichen Hundekindern.

Aber die Verkäuferin konnte damit auch nicht viel anfangen. „Nimm einen Napf mittlerer Größe, dann macht man am wenigsten verkehrt", riet sie mir.

Nun musste ich mich noch für die Farbe entscheiden, ich wählte Dunkelrot und ein schönes Mittelblau.

Nachdem ich an der Kasse bezahlt hatte, flitzte ich hinaus und schaute mich nach Tante Juliane um. Sie hielt sich bei einem Stand mit Holzfiguren auf und wartete schon auf mich. Unauffällig ließ sie die Näpfe in einer großen Einkaufstasche verschwinden.

Lisa-Marie war einige Marktstände weitergegangen und schaute sich Nussknacker und Glitzerengel an.

„Die sind aber schön", meinte sie. Ich sah kaum noch zu diesen Herrlichkeiten hin, ich dachte viel mehr an das Hundekind, das am nächsten Abend für Lisa-Marie in einem Körbchen unter dem Weihnachtsbaum liegen würde. Glückliche Lisa-Marie! Ich wurde ein bisschen traurig.

Nachdem wir an jedem Stand wenigstens zweimal vorbeigegangen waren, mahnte Tante Juliane zum Aufbruch:

„Denkt daran, dass wir bei dem Schnee sehr langsam fahren müssen! Und inzwischen ist es auch schon dunkel geworden!"

„Ich muss schnell noch etwas besorgen", sagte ich und eilte zu einem Stand mit Laubsägearbeiten. Dort kaufte ich drei kleine Kerzenhalter, einen mit Engeln für Tante Juliane und Onkel Hermann, einen mit einem Reh unter einer verschneiten Tanne für Oma und Opa und einen mit einem dicken Schneemann für Lisa-Marie.

Dann traten wir den Heimweg an. Unterwegs begann es wieder heftig zu schneien.

7.

Oma, Opa und Onkel Hermann warteten schon ungeduldig auf uns. Sie machten sich Sorgen, weil die Straßen an manchen Stellen fast zugeschneit waren. Aber wir kamen heil daheim an, und die Erleichterung darüber war allen deutlich anzusehen.

Es war Zeit, die Kühe zu melken. Oma und Opa gingen deshalb sofort ihrer Arbeit im Stall nach. Lisa-Marie folgte ihren Eltern heim in den Bungalow.

So kam es, dass ich für einige Zeit allein im alten Bauernhaus war. Ich ging hinauf in mein Zimmer und begann, die neu erworbenen Geschenke in Weihnachtspapier zu wickeln.

Plötzlich hörte ich ein Geräusch draußen unter meinem Fenster. Dann hörte ich ein Rufen und anschließend prallte ein Schneeball gegen die Scheibe. Zuerst war ich sehr erschreckt, dann näherte ich mich vorsichtig dem Fenster und schaute hinaus. Draußen geisterte der Schein einer Taschenlampe durch den verschneiten Obstgarten.

„Oma, Opa!", wollte ich erst rufen, doch dann fiel mir ein, dass sie mich nicht hören würden, denn der Stall lag auf der anderen Seite des Hauses.

Dann rief noch einmal jemand, und die Stimme kam mir bekannt vor. Onkel Erich? Ich riss das Fenster auf und rief: „Hallo!"

Unten im Schneetreiben stand wirklich Onkel Erich. Er hatte einen großen Korb unter dem Arm und fragte nach Oma und Opa.

„Es muss doch alles heimlich sein", sagte er, „sonst wäre ich ja zur Haustür gekommen. Es geht doch um die Hunde."

Ich sagte zu ihm, dass Oma und Opa noch im Stall seien.

Nachdem ich meinen Schrecken überwunden hatte, wurde ich neugierig. Onkel Erich hatte bestimmt das Hundekind gebracht. Würde es schon in dieser Nacht in unserem Stall schlafen? Ich zog mir die Stiefel an, riss die Haustür auf und flitzte hinüber zum Kuhstall. Von der Tür aus sah ich, wie Opa dort stand und das Hundekind auf dem Arm hielt. Ich wollte leise näher kommen, stolperte aber über einen Rechen und verursachte ein lautes Gepolter. Opa blickte sofort in meine Richtung. Er wirkte auf einmal ein bisschen überrumpelt, aber er fasste sich schnell.

„Gitte", sagte er, „schau hier, das ist der kleine Hund, den du ausgesucht hast."

Selbst im schwachen Licht des Stalls hatte ich den kleinen Welpen sofort wiedererkannt. Er hatte das schöne braune Fell mit dem weißen Flecken und die niedlichen Schlappohren.

„Weißt du", sagte Opa, „Onkel Erich hat den Hund schon heute gebracht, weil es noch weiteren Schneefall geben soll. Es könnte sein, dass wir morgen gar nicht bis zu seinem Haus durchkommen können, um den Kleinen zu holen. Vielleicht kannst du ihn erst einmal unbemerkt auf dein Zimmer mitnehmen und dich mit ihm beschäftigen."

Mir verschlug es fast die Sprache. Ich durfte den tapsigen Hund auf den Arm nehmen und mich um ihn kümmern. Das war zu schön, um Wirklichkeit zu sein!

„Mache ich fürchterlich gern", sagte ich und nahm das weiche, warme, wuschelige Hundekind und streichelte es behutsam. Es leckte an meinen Fingern und wedelte gleichzeitig mit dem Schwänzchen.

„Der Hund kann schon feste Nahrung vertragen", meinte Opa, „die

Oma hat Welpenfutter besorgt, es steht versteckt unten im Küchenschrank. Schau doch mal nach."

Ich nahm das wuschelige Hundejunge und ging mit ihm aus dem Stall und zurück ins Haus.

In den folgenden Stunden war ich völlig mit dem jungen Hund beschäftigt. Er lief hierhin und dorthin, schnüffelte herum und kam dann wieder zu mir, leckte meine Hand und wollte gestreichelt werden. Schließlich gab ich ihm Hundefutter und ein Schälchen Milch. Dann passierte ihm ein Missgeschick, und er hinterließ eine nicht zu übersehende Pfütze auf dem Teppich. Ich lief schnell ins Badezimmer, holte einen Putzlappen und wischte alles fort.

Später rief Oma mich hinunter in die Küche zum Abendessen. Der kleine Hund folgte mir auf Schritt und Tritt.

„Am besten ist es", sagte Oma, „wenn du nach dem Essen wieder mit ihm auf dein Zimmer gehst. Ich hole dir das neue Hundekörbchen vom Dachboden. Vielleicht kannst du den Welpen schon dazu bringen, heute Nacht in seinem Körbchen zu schlafen."

Es war ein wundervoller Abend. Ich war in Mamas gemütlichem alten Zimmer und spielte mit dem niedlichsten Hundekind von der ganzen Welt. Es hatte sich sehr schnell an mich gewöhnt und wurde immer zutraulicher.

Später kamen die Großeltern. Sie wollten aber nicht nur „Gute Nacht" wünschen, sondern auch etwas mit mir besprechen. Ich merkte sofort, dass es um das Hundekind ging.

„Gitte", sagte Oma und war dabei ungewöhnlich ernst, „du möchtest so sehr einen Hund haben, aber ich weiß nicht, ob du dir darüber im Klaren bist, was es bedeutet, wenn man einen Hund in die Familie aufnimmt." Sie schaute mich an und sah meinen fragenden Gesichtsausdruck. „Einen Hund, Gitte, schafft man sich nicht aus einer Laune heraus an, weil er als Welpe so süß und niedlich aussieht. Er wird bald ein ausgewachsener Hund und ein eigenständiges Lebewesen sein, das sein ganzes Vertrauen auf die Menschen richtet, die ihn ins Haus geholt haben. Wenn man einen Hund allein lässt, fühlt er sich sehr einsam, denn von seiner Natur ist er ein Tier, das im Rudel lebt. Er ist nicht nur dann da, wenn man Lust hat, sich mit ihm zu beschäftigen, sondern er lebt und erlebt jede Stunde des Tages. Er ist kein Spielzeug, das man zurück stellen kann ins Regal.

Es gibt viele Menschen, die sich ein Tier anschaffen und anschließend erst feststellen, dass damit etwas auf sie zukommt, womit sie
gar nicht fertig werden. Hast du darüber schon einmal nachgedacht?" Oma sah mich abwartend an.
Ich streichelte den kleinen Hund und dachte lange über ihre Worte
nach. „Ich habe den kleinen Hund so lieb", sagte ich schließlich,
„ich würde alles für ihn tun."
„Ja", sagte Oma, „das sehe ich. Aber gerade darum musst du dich
fragen, was für den Hund – und nicht für dich – das Beste ist. Schau
mal, der Hund kann alt werden, er kann sogar so alt werden, dass er
noch deine eigene Hochzeit erlebt. Und dazwischen liegen viele
Schuljahre und deine Berufsausbildung. Wenn du einen Hund haben willst, musst du bereit sein, anderweitig Abstriche zu machen."
Sie machte eine kleine Pause, dann schaute sie mich lächelnd an:
„Gitte, ich will dir deinen Wunsch gar nicht ausreden, ich möchte
nur, dass du darüber nachdenkst, was mit der Erfüllung dieses Wunsches alles verbunden ist."
Ich schaute zu Opa hinüber. Er nickte zu Omas Worten.
„Und jetzt wünschen wir Hund und Frauchen ´Gute Nacht`", sagte
er und zwinkerte mir zu. Oma nahm mich liebevoll in den Arm.
Mitten in der Nacht wachte ich auf. Das Hundekind war unruhig
geworden und fing an zu winseln. Ich zog das Körbchen näher zu
meinem Bett und streichelte den kleinen Welpen. Da wurde er ganz
ruhig. Bestimmt dachte er, ich sei seine neue Mama.

8.

Am nächsten Morgen musste Oma mich wecken. Noch nie hatte ich
am Heiligabend so lange geschlafen, aber ich hatte nachts auch
noch nie ein Hundekind bei mir im Zimmer gehabt.
„Beeil dich, Gitte", sagte Oma, „wir wollen zur Kirche fahren. Es
wird bestimmt ein feierlicher Gottesdienst und das Krippenspiel
wird auch aufgeführt."
„Und der kleine Hund?", fragte ich noch schlaftrunken.
„Onkel Hermann wird ihn bis zur Bescherung auf dem Dachboden
versteckt halten. Er kümmert sich heute um ihn, keine Sorge, Gitte."
Oma wollte schon aus dem Zimmer gehen, aber ich hielt sie zurück.

Eine Frage brannte mir förmlich auf der Zunge, und ich musste sie los werden:

„Oma, das, was du gestern gesagt hast, mit der Verantwortung für einen Hund und alles was damit zusammenhängt, hast du das gesagt, weil Lisa-Marie anders ist als ich und weil sie deshalb einen Hund bekommen kann?"

Oma kam zurück und setzte sich zu mir auf die Bettkante. Sie nahm mich ganz liebevoll in den Arm.

„Nein, Gitte", sagte sie, „aus diesem Grunde habe ich es bestimmt nicht erwähnt. Es sind nur andere Voraussetzungen. Denke einmal nach. Wenn Lisa-Marie eines Tages kein Interesse mehr an dem Hund haben sollte, so ist und bleibt er immer noch unser Hofhund. Karo ist schon sehr alt und wird eines Tages nicht mehr da sein. Bei dir ist es etwas ganz anderes. Deine ganze Familie muss sich für einen Hund entscheiden, sie müssen alle wollen, dass das Tier als Familienmitglied aufgenommen wird, denn es lebt Tag für Tag in eurem Haushalt mit. Das verstehst du doch, oder?"

„Opa hat aber etwas von neuen Möglichkeiten erzählt", erwiderte ich.

Oma lächelte mich an. „Weißt du, bis heute Abend ist es ja nicht mehr allzu lange, dann können wir uns unter dem Weihnachtsbaum in Ruhe darüber unterhalten. Nun zieh dich rasch an, sonst kommen wir noch zu spät."

In Windeseile war ich in Pullover und Hose geschlüpft, dann sauste ich hinunter zum Frühstück. Oma hatte im Esszimmer den Frühstückstisch festlich gedeckt, es gab frische Brötchen mit Honig und herzhafte Brote mit Käse und Wurst, in der Mitte des Tisches prangte ein riesiger Stollen. Die vier Kerzen am Adventskranz brannten. Durch das Fenster sah ich in den tief verschneiten Garten. Noch immer fielen einzelne Schneeflocken. Eine tiefe weihnachtliche Stimmung kam in mir auf. Onkel Hermann, Tante Juliane und Lisa-Marie hatten schon mit dem Frühstücken begonnen.

„Um ein Haar hättest du Heiligabend verschlafen", lachte Onkel Hermann.

„O nein, das hätte ich niemals", protestierte ich.

Lisa-Marie zwinkerte mir zu und zappelte auf dem Stuhl herum. Ich begriff, dass sie mir unbedingt etwas erzählen wollte. Aber es musste sehr geheim sein, denn während des Essens erwähnte sie nichts.

Als wir gerade in den Wagen steigen wollten, um zur Kirche zu fahren, hielt der Postwagen vor unserer Tür. Ein großes Paket wurde abgegeben. „Eilzustellung", sagte der Postbote. Ich wollte einen Blick auf den Absender werfen, aber Oma nahm schnell das Paket und hielt es in die entgegengesetzte Richtung.

„Bis heute Abend ist die Neugierde verboten", mahnte sie.

„Und dann lohnt es nicht mehr, neugierig zu sein", erwiderte ich.

Opa lachte dazu.

Auf dem tief verschneiten Weg in das Dorf hinunter sangen Lisa-Marie und ich alle Weihnachtslieder, die uns einfielen. Opa brummte in seinem tiefen Bass dazu mit.

Onkel Hermann fand einen Parkplatz unmittelbar vor der Dorfkirche. Oma ging an den Kofferraum und holte eine verpackte Apfeltorte hervor. Sie wandte sich an uns:

„Seid doch bitte so lieb und lauft hinüber zum Gemeindehaus und gebt den Kuchen für die Weihnachtsfeier ab."

„Natürlich", sagten wir beide wie aus einem Munde. Nun ergab sich endlich die Gelegenheit, von Lisa-Marie das Geheimnis zu erfahren. Sie platzte auch sofort damit heraus: „Ich bekomme einen kleinen Hund zu Weihnachten!"

„Wieso?", stellte ich mich dumm.

„Weil", sagte sie und holte tief Luft, „weil ich ihn gestern Abend spät noch gesehen habe. Ich sollte bei Oma Milch holen und bin zuerst in den Stall gegangen. In einem Verschlag hat er im Heu gelegen. Ach, was ist der Kleine süß geworden! Ich freue mich ja so!"

In meinem Gehirn wirbelten die Gedanken. Am späten Abend war der kleine Hund im Stall? Da war er doch bei mir gewesen, oder nicht? Und warum sagte Lisa-Marie über den Welpen, dass er so süß geworden wäre?

„Hast du den kleinen Hund vorher schon mal gesehen?", fragte ich.

„Klar", antwortete sie, „vor drei Wochen war ich mit Oma oben bei Onkel Erich. Seine Hündin hatte zwei Junge bekommen. Der größere Welpe von den beiden hat ein ganz braunes wuscheliges Fell. Ich habe mich sofort in ihn verliebt. Und der schlief heute Nacht bei uns im Stall."

„Und du meinst ... ", sagte ich.

„Klar, meine ich!", jubelte Lisa-Marie. Ich freute mich für sie mit. Und der andere Hund, der mit dem weißen Flecken? Würde er mein Hund werden? In mir stieg ein riesengroßer Funken Hoffnung auf. Aber dazu wollte ich mich noch nicht äußern.

Kurz vor dem Eingang zum Gemeindehaus rutschte Lisa-Marie auf einer eisigen Stelle aus und wäre fast auf die Torte gefallen. In ihrer Freude hatte sie überhaupt nicht auf den Weg geachtet. Aber es ging alles glimpflich ab.

9.

Die kleine Dorfkirche war weihnachtlich geschmückt. Seitlich vom Altar stand ein großer Tannenbaum, er war mit silbernen Kugeln und mit Gold bemalten Zapfen behängt. Vor dem Altar war die Krippe aufgebaut. Viele, viele Kerzen verbreiteten Festbeleuchtung. Dann setzte die Orgel ein und wir sangen das Lied: „Vom Himmel hoch, da komm' ich her". Danach wurde die Weihnachtsgeschichte aufgeführt; es war wunderschön. Der Pfarrer sprach von der Liebe Gottes zu den Menschen und dass wir alle diese Liebe spüren können, wenn wir unsere Herzen dafür öffnen. Da nickte Opa und sagte leise: „Ja, wenn doch nur ... ."

Anschließend sangen wir noch einige Weihnachtslieder. Der Pfarrer segnete die Gemeinde im Namen Gottes.

Als wir aus der Kirche traten, gerieten wir in dichtes Schneegestöber. Wind war aufgekommen und wehte den Schnee am Boden vor sich her.

„Es wird Zeit, dass wir nach Hause kommen", meinte Oma. „Hoffentlich bleiben wir nicht in einer Verwehung stecken."

Aber wir blieben nirgendwo stecken. Zum Mittagessen waren wir zurück. Tante Juliane hatte für uns alle gekocht. Es gab Grünkohl und Mettwurst und Kartoffeln, unser traditionelles Heiligabend-Essen.

Für Lisa-Marie und mich begann nun die lange Wartezeit auf die Bescherung. Sonst fielen uns immer so viele Dinge ein, womit wir uns beschäftigen konnten, aber jetzt waren wir einfach zu aufgeregt. In den Jahren zuvor hatte Opa mit uns am Heiligabend einen langen Spaziergang unternommen, aber diesmal lag der Schnee so hoch, dass wir darin versackt wären. Schließlich meinte Oma, wir seien schon alt genug, um den Kaffeetisch zu decken und um die Weihnachtsteller für jeden aufzufüllen. Dies beschäftigte uns eine Weile, denn die Naschereien mussten gerecht verteilt werden, selbst Haselnüsse zählten wir ab. Zum Kaffeetrinken gab es Stollen, Torte, Printen und Nussecken. Wir hatten die Kaffeetafel sehr festlich gedeckt und ernteten ein dickes Lob. Danach halfen wir Oma in der Küche beim Abwasch des Geschirrs.

Inzwischen hatte die Dämmerung eingesetzt. Der Wind hatte sich wieder gelegt, aber es schneite immer noch. Lisa-Marie und ich packten unsere Geschenke, die wir verteilen wollten, in Körbe und stellten diese vor die Tür des Weihnachtszimmers. Wir lauschten in das Zimmer hinein, hörten aber nur Rumoren und Stühle rücken. Onkel Hermann und Tante Juliane waren noch mit dem Schmücken beschäftigt.

„Wie langsam doch die Zeit vergeht", stöhnte Lisa-Marie.

Ich konnte nur zustimmen.

10.

Und dann endlich, endlich war es so weit.

Vor der eigentlichen Bescherung stapften wir durch den hohen Schnee hinüber zum Stall und feierten die Tierweihnacht. Opa bedankte sich beim lieben Gott dafür, dass er alle Tiere des Hofes vor Krankheit und Not beschützt hatte und kein Unheil über das Haus gekommen war. Dann bekam jedes Tier eine Extraportion Heu.

Nun gingen wir wieder ins Haus zurück. Die Tür zum Weihnachtszimmer öffnete sich weit, und uns strahlte der helle Glanz vom Christbaum entgegen. Onkel Hermann saß am Klavier und spielte: „Stille Nacht, heilige Nacht".

Unter dem Tannenbaum lagen, in glitzerndes Papier eingewickelt und mit Schleifen versehen, unsere Geschenke. Ich schaute unauffällig umher, konnte aber nirgendwo ein Körbchen mit einem kleinen Welpen entdecken. Was war geschehen?

Opa sagte, dass Lisa-Marie und ich uns noch ein weiteres Weihnachtslied wünschen sollten, bei dem alle mitsingen würden. Wir entschieden uns für „Leise rieselt der Schnee". Als wir geendet hatten, wünschte Oma uns allen ein friedvolles und gesegnetes Weihnachtsfest. Dann nahmen wir auf dem Sofa und in den Sesseln Platz. Abwechselnd verteilten wir die Geschenke, die unter dem Weihnachtsbaum lagen. Es waren viele wunderschöne Sachen darunter; für Lisa-Marie und mich gab es Spiele, Bastelsachen und Bücher, Mama hatte für uns warme Mützen und Handschuhe eingepackt, von Tante Juliane bekam Lisa-Marie eine kleine Kasse für den Kaufladen, für mich hatte Onkel Hermann Buchstützen aus Holz angefertigt. Die Erwachsenen freuten sich riesig über die Geschenke, die wir gekauft oder gebastelt hatten. Es wurde ein stimmungsvoller Heiligabend, so schön, wie man ihn sich nur wünschen konnte.

Und doch schauten Lisa-Marie und ich uns von Zeit zu Zeit fragend an. Wir wussten voneinander, dass wir dasselbe dachten. Würde es noch eine weitere, eine lebendige Überraschung geben?

Schließlich war ein großer Karton unter dem Weihnachtsbaum übrig geblieben. Es war das Paket, das der Postbote am Morgen als Eilzustellung abgegeben hatte.

„Gitte", sagte Oma zu mir, jetzt darfst du neugierig sein. Schau einmal nach."

Ich las den Absender. Tatsächlich, es war noch eine weitere Überraschung von den Eltern gekommen. Alle schauten gespannt zu mir herüber.

„Nun mach schon auf", drängte Lisa-Marie.

Ich machte die Verpackung ab und öffnete den Deckel. Obenauf lag ein Brief.

„Lies erst den Brief", meinte Oma. „Am besten ist es, wenn du laut vorliest, dann wissen wir alle sofort, was darin steht."

Und ich las:

Liebe Gitte,
ein wunderschönes Weihnachtsfest wünschen Dir Mama und Papa.
Lieber Schatz, es gibt eine ganz große Neuigkeit. Wir hatten vor
zwei Tagen die Gelegenheit, uns ein Haus am Stadtrand anzusehen,
das kurzfristig verkauft werden sollte. Das Haus hat Papa und mir
so gut gefallen, dass wir spontan zugesagt haben. Es ist ein herrlicher Garten mit alten Obstbäumen dabei. Zum Frühjahr werden wir

die Räume renovieren, im Sommer können wir dort einziehen. Du
bekommst ein großes Zimmer mit Blick in den Garten. Du wirst
begeistert sein!
Oma hat uns am Telefon von deinem Herzenswunsch berichtet. Wir
haben uns eingehend Gedanken dazu gemacht und dabei festge-
stellt, dass wir uns selbst freuen würden, wenn dieser Wunsch in
Erfüllung ginge. Jetzt haben wir ja ganz andere Möglichkeiten!
Wir reisen nun etwas verspätet ins Allgäu. Am Heiligabend sind wir
bei Jens im Internat.
Viele Küsschen von Mama und Papa.
Grüße ganz herzlich alle anderen Familienmitglieder.

Ich schaute auf. Mein Herzenswunsch! Oma sah Lisa-Marie und
mich an.

„Bevor du weiter auspackst, Gitte, solltet du erst einmal mit Lisa-
Marie in dein Zimmer laufen und nachsehen, was es dort gibt."

Schnell wie der Wind waren wir die Treppe hinauf gerannt und öffneten die Zimmertür. Mitten im Raum stand ein Hundekörbchen,
und darin lagen eng aneinander gekuschelt Tinkas kleine Hundejungen und schliefen. Von unserem Lärm wurden sie wach und
blinzelten uns an. Beide Welpen waren da, nicht nur der ganz braune, von dem Lisa-Marie gesprochen hatte, und nicht nur mein kleiner Liebling mit dem weißen Flecken auf der Brust.

Inzwischen waren auch Oma, Opa, Tante Juliane und Onkel Hermann die Treppe hinaufgekommen. Sie standen nun im Türrahmen
und betrachteten die ganze Szene.

„Einen Hund für jeden von euch beiden", sagte Oma zu uns.

Lisa-Marie schaute mich zögernd an, dann nahm sie den größeren,
ganz braunen Welpen auf den Arm.

Ich atmete auf. Im Körbchen war mein kleines Hundekind zurück
geblieben. Mein Hund!

„Wirklich und wahrhaftig meiner?" Ich staunte ungläubig in die
Runde.

„Ja", sagte Opa, „wirklich und wahrhaftig deiner. Aber erdrücke ihn
nicht vor lauter Freude."

Nun nahm ich den Kleinen auf den Arm und tanzte und jubelte
durchs Zimmer. Und der kleine Hund freute sich und wedelte mit

dem Schwänzchen.

„Kommt wieder hinunter in die Weihnachtsstube", meinte Tante Juliane, „dort ist es jetzt wärmer und gemütlicher."

Mit den Hundejungen im Arm betraten wir wieder das Weihnachtszimmer.

Was war ich glücklich, ich konnte es kaum fassen. Und Lisa-Marie strahlte mich ebenso glücklich an.

Als Onkel Hermann sich für kurze Zeit mit meinem Welpen beschäftigte, konnte ich das große Paket von Mama und Papa auspacken. Darin befanden sich ein Hundekorb, eine mollige Decke und eine Leine, alles für das Hundejunge. Mein Jubel fand keine Grenzen mehr.

„Es ist ja nur gut", sagte Oma, „dass ihr euch nicht in dasselbe Hundekind verliebt habt. Dann hätte es vielleicht Probleme gegeben. Gitte wollte ich ja ursprünglich nur eine Freude machen, indem sie sich die drolligen Welpen anschauen konnte. Dass sie sich dann in das kleine braune Hundekind mit dem weißen Flecken verlieben würde, konnte ich nicht ahnen."

„Ja", ergänzte Opa, „und als wir dann von Gittes Eltern am Telefon die Zusage bekamen, dass sie den Hund in die Familie aufnehmen würden, habe ich Onkel Erich Bescheid gesagt, dass er beide Hunde mitbringen könnte. Und genau in der Zeit, als er sie vorbei brachte, platzte uns Gitte in den Kuhstall. Da musste man sich schnell etwas einfallen lassen. So hat Gitte eine Nacht lang ihren eigenen Hund im Zimmer gehabt und gedacht, der kleine Welpe sei ein Geschenk für Lisa-Marie. Den Rest der Geschichte kennt ihr ja."

Lisa-Marie sah mich fragend an. Ich nickte.

Dann sagte ich leise zu ihr: „Vielleicht hätte ich dir heute morgen mehr erzählen sollen, aber glaub' mir, ich war bis vorhin genauso verwirrt darüber wie du."

„Ist jetzt auch egal", antwortete Lisa-Marie, „ich bin ja so glücklich."

„Jetzt haben wir aber noch eine schwierige Entscheidung zu treffen", sagte Tante Juliane und holte die verpackten Hundenäpfe hervor.

Zwei Hundenäpfe, natürlich, ich schlug mich vor die Stirn, ein blauer und ein roter.

„Darf ich mich mal einmischen?", fragte Onkel Hermann. „Ich würde nämlich gerne einen Vorschlag machen. Lisa-Maries Hund ist ein Rüde, ein männlicher Hund, Gittes Hund hingegen wird einmal eine feine Hundedame sein. Die blaue Farbe passt besser zum kleinen Hundejungen, rot ist hübscher für das Hundemädchen."
Das leuchtete uns ein. So war die Entscheidung über die Hundenäpfe schnell getroffen.
„Und jetzt geht es allmählich an unsere Näpfe", schmunzelte Opa, „mir knurrt nämlich schon der Magen."
Beim Abendessen überlegten wir uns Namen für die beiden Welpen. Lisa-Marie verkündete, dass kein anderer Name in Frage käme als Arko. Sie hätte den Hund schon heimlich so genannt, als sie ihn zum ersten Mal gesehen hätte.
Für meine Hundedame gefiel mir am besten der Name Bessy, dafür entschied ich mich dann auch.
Als ich gerade eine große Portion Schokoladenpudding im Mund hatte, ging das Telefon. Mama und Papa wollten uns frohe Festtage wünschen.
Ich brachte Bessy dazu, einmal aufzubellen. Nun hatten die Eltern auch schon die Stimme unseres neuen Familienmitglieds gehört.
Lisa-Marie und ich waren rundum glücklich an diesem Abend. Wir durften lange aufbleiben; unsere Hundekinder schliefen schon fest, als wir endlich in die Betten gingen.

11.

An den folgenden Tagen hatten wir richtiges Weihnachtswetter. Alles war tief verschneit, aber der Schneefall hatte aufgehört und der Himmel war tief blau.
Am ersten Feiertag kam Lisa-Marie schon früh zu mir herüber gelaufen, auf ihrem Arm hatte sie Arko. Bessy freute sich sehr, ihren kleinen Bruder wiederzusehen. Gemeinsam tollten wir im Schnee herum und warfen Schneebälle, hinter denen die beiden Welpen wie verrückt her jagten.
Am Nachmittag kam Besuch zu Oma und Opa. Sie brachten ein Mädchen mit, das in unserem Alter war. Elsie hatte zunächst etwas Angst vor den ausgelassenen Hundejungen, aber das legte sich bald.

Wir zeigten ihr die Spiele, die wir zu Weihnachten bekommen hatten, und sie durfte sich das Spiel aussuchen, das wir gemeinsam spielen wollten. Der Nachmittag verging viel zu rasch. Bei einbrechender Dämmerung mussten wir wieder voneinander Abschied nehmen, aber Elsies Mutter versprach, recht bald mit unserer neuen Freundin wiederzukommen.

Am zweiten Feiertag unternahmen wir eine kleine Wanderung zu Onkel Erich. Wir stapften durch den hohen Schnee bergauf, es war ganz schön anstrengend. Manchmal mussten wir die Hundekinder auf den Arm nehmen, sonst wären sie im Schnee versackt.
Mama Tinka begrüßte ihre Kleinen schwanzwedelnd, aber sie hatte sich offenbar schon damit abgefunden, dass ihre Kinder nicht mehr bei ihr waren. Ich war beruhigt, es hätte mir leid getan, wenn Tinka traurig gewesen wäre.
Onkel Erich gefielen die beiden Hundenamen ausgesprochen gut. Er meinte, wir könnten die Namensgebung ein bisschen feiern. Er kochte uns Kakao und besorgte Kuchen aus der Vorratskammer. Für sich selbst holte er eine Flasche Bier. „Das passt auch ganz gut zu dem Anlass", sagte er.
An diesem Abend kam Oma zu mir ins Zimmer und setzte sich auf die Bettkante.
„Gitte, auch wenn es dir sehr schwer fällt, aber du kannst Bessy erst mit heim nehmen, wenn euer neues Zuhause fertig ist. So lange wird sie bei uns bleiben müssen."
Ich hatte auch schon daran gedacht und dabei einen dicken Kloß im Hals verspürt. Aber tapfer erwiderte ich:
„Das weiß ich doch, Oma. Aber ihr passt ja gut auf Bessy auf und bringt ihr noch eine Menge bei. An Wochenenden und in den Osterferien komme ich wieder und kann mit Bessy spielen. Sie soll mich bis dahin nicht ganz vergessen."
„Vernünftiges Mädchen", lobte Oma mich und nahm mich in den Arm.

Das ist die Geschichte von den glücklichsten Weihnachtstagen, die
ich in meiner Kindheit erlebt habe. Wenn ich mich daran erinnere,
ersteht alles so lebendig vor meinem inneren Auge auf, als wäre es
erst gestern geschehen. Über die vielen Jahre zurückblickend kann
ich heute ergänzend hinzufügen, dass Arko auf dem Bauernhof der
Großeltern geblieben ist und mit fast vierzehn Jahren an Alters-
schwäche starb. Er war ein stattlicher Rüde, der so schnell keinen
Fremden auf seinem Terrain duldete. Ihm war es auch zu verdanken, dass ein Einbruch in das Bauernhaus verhindert wurde; er hat
den Einbrecher durch sein wütendes Bellen tatsächlich in die Flucht
geschlagen.

Zu mir und Bessy hatte er jedoch eine besondere Beziehung entwickelt. Wenn er uns ankommen hörte, jaulte und bellte er vor Freude
und jagte übermütig auf dem Hofplatz herum, anschließend wich er
kaum noch von unserer Seite.

Im Sommer, der auf das unvergessene Weihnachtsfest folgte, hielt
Bessy in unserem neuen Zuhause Einzug. Sie war umgänglicher
und ruhiger als Arko, und sie war sehr anhänglich.

Als ich im Alter von achtzehn Jahren aus dem Haus ging, um zu
studieren, trauerte sie sehr. Schließlich fand ich eine Studentenwoh-
nung, in die ich Bessy mitnehmen konnte. Wenn ich abends am
Schreibtisch über den Büchern saß, lag sie bei meinen Füßen und
schlief oder schaute mich mit ihren treuen braunen Augen an. Bessy
war über viele Jahre mein Maskottchen geworden.

Lisa-Marie und ich sind bis heute gute Freundinnen geblieben.
Wenn wir uns treffen, haben wir uns immer viel zu erzählen.

Und sollte uns einmal wider Erwarten der Gesprächsstoff ausgehen,
dann fangen wir wieder mit der Geschichte von Bessy und Arko an.

Wanderer im Winter

Molliger Mantel, derbe Schuh'
und auf dem Rücken den Rucksack dazu,
geht es hinein in die weiße Pracht,
die über Nacht uns Frau Holle gebracht.

Schnee auf den Zweigen, tief verschneit liegt der Weg,
so wandern wir nun über Brücke und Steg.
Und kehr'n wir zurück aus der frostklaren Luft,
empfängt uns daheim süßer Weihnachtsduft.

Die Eiszapfen-Prinzessin

Frost muss klirren, Schmelz muss rinnen,
dann wird ihre Zeit beginnen.
Wenn der Nordwind in der Nacht
Schnee und Eis hat mitgebracht,
suche ihren Lebensbaum
tief versteckt am Waldessaum.
Einen Wunsch gibt sie dir frei,
ist das Gute mit dabei.

1.

Nach schneereichen Frosttagen hatte Tauwetter eingesetzt, der Föhn
war über die Berge gejagt. Nun standen die Tannen und Fichten
wieder befreit von ihrer weißen Last, nur auf dem Waldboden breitete sich eine schmutzig-graue, verharschte Schneedecke aus. Die
Wiesen und Weiden waren noch zugeschneit, aber dieser Schnee
war weich und wässerig geworden. Auf den Dächern der Häuser
zeigten sich die ersten dunklen Flächen, lange Eiszapfen hingen von
den Dachrinnen und Fenstersimsen.
Im Laufe des Nachmittags kündigte sich ein erneuter Wetterumschlag an. Der Wind drehte und kam unmittelbar aus Norden. Es
war wieder kälter geworden, und dunkle Wolken kündigten einen
baldigen Schneefall an.
Der Bauer stand in der Scheunentür und betrachtete mit zufriedenen
Augen den aufgeschichteten Heuvorrat. Es wird reichen, sagte er zu
sich selbst, wir werden gut durch den Winter kommen. Er ver-
schloss das Tor und ging durch den heulenden Wind hinüber zum
Stall. Hier vergewisserte er sich, dass die Rinder gut versorgt waren
und jedes an seinem Platz stand.
Eine Ecke des Stalls war besonders abgetrennt, hier hatte der betag-
te, aber trotzdem ganz muntere Esel Balduin seinen Platz. Balduin
war schon vor vielen Jahren auf den Hof gekommen; der Bauer
hatte ihn einem Pony- und Reiterhof abgekauft, weil er dort überflüssig geworden war. Die damals noch kleine Tochter des Bauern
hatte sich über den Esel sehr gefreut und sich viel mit ihm beschäf-

tigt. Aber nun war die Tochter größer geworden und hatte andere Interessen. So verbrachte Balduin den meisten Teil des Winters im Stall und zog im Sommer mit den Kühen auf die Weide. Er hatte ein ruhiges Leben auf dem Hof, und keiner konnte sich mehr Stall und Weide ohne Balduin vorstellen.

Nachdenklich strich der Bauer dem Esel über den Rücken.

„Grauchen", sagte er, „wie wird es wohl weitergehen mit dem Hof, wenn ich nicht mehr da bin? Der Junge hat Arbeit in der Stadt und die Tochter eine Lehrstelle bei einem Uhren- und Schmuckhändler unten im Tal. Sie kommt nur noch an den Abenden heim, und eines Tages wird sie wohl heiraten und fortziehen. Das ist der Lauf der Dinge."

Der Esel schnaubte leise und rieb seinen Kopf am Arm des Bauern. Er hatte die Ohren aufgestellt, als würde er genau zuhören.

Als der Bauer aus dem Stall in die Dämmerung hinaustrat, fielen die ersten weißen Flocken vom Himmel. Durch das Fenster sah er in die Küche, hier war die Bäuerin damit beschäftigt, den Tisch für das Abendbrot zu decken. Die Tochter war noch nicht zurück; sie hatte einen weiten Fußweg vom Tal herauf zum Berghof und kam erst immer eine Stunde nach dem Geschäftsschluss heim. Bei sehr schlechtem Wetter blieb sie im Tal und übernachtete bei einer Freundin.

Am Küchentisch saß bereits Tante Anna, die Schwester der Mutter des Bauern. Sie war nach dem Tode ihres Mannes auf den Hof gezogen. Meistens hielt sie sich in ihrem Zimmer im oberen Stockwerk des Hauses auf; sie las viel oder beschäftigte sich mit Handarbeiten. Zu den Mahlzeiten war sie stets pünktlich bei Tisch.

„Sie wird immer seltsamer", hatte die Bäuerin noch vor kurzem zu ihrem Mann gesagt, „sie erzählt mir Geschichten von Waldgeistern, Kobolden und Gespenstern, als ob alles Wirklichkeit wäre. Sie hat sich in etwas hineingesteigert, hoffentlich kommt sie da wieder heraus."

Nachdenklich hatte er geantwortet: „Manchmal verwischen Traum und Wirklichkeit ein bisschen, denn es gibt mehr Dinge auf der Welt als unsere Sinne wahrnehmen können."

„Fang du nicht auch damit an", hatte die Bäuerin gewarnt.

Der Bauer hatte in den nachfolgenden Tagen seine Tante oft aufmerksam beobachtet, doch er konnte nichts besonderes bemerken.

Nun saßen die drei beim Abendbrot.

„Es stürmt recht ordentlich und beginnt zu schneien." Der Bauer blickte sorgenvoll zum Fenster. „Hoffentlich übernachtet Regine heute bei ihrer Freundin. Der Heimweg ist nicht ganz ungefährlich, · weil noch auf den Waldwegen die verharschte Schneedecke liegt."

„Ich denke schon, dass sie im Tal bleibt", die Bäuerin klang zuversichtlich, „sie versteht sich mit ihrer Freundin ausgezeichnet. Die beiden sind gerne zusammen. Ich wollte morgen auch ins Tal, es sind einige Besorgungen zu machen."

„Wahrscheinlich werden wir den Schneepflug brauchen, vielleicht kommen wir auch gar nicht von hier weg", der Bauer wirkte nicht so optimistisch.

„Frost muss klirren, Schmelz muss rinnen, / dann wird ihre Zeit beginnen", zitierte Tante Anna. „Ihr kennt doch die Geschichte von der Eiszapfen- Prinzessin, die sich zu bestimmten Zeiten im Winter unter die Menschen begibt. Sie soll schon aus mancher Not geholfen und Wünsche erfüllt haben, aber dann muss die Not unverschuldet sein, und die Wünsche müssen etwas Gutes zum Inhalt gehabt haben. Jetzt ist die Zeit, wo sie sich unter den Menschen aufhält, ihr müsst nur über den Spruch nachdenken, der über sie gemacht wurde."

Der Bauer schaute etwas irritiert auf. „Das glaubst du doch selbst nicht, Tante Anna. Es gibt viele Märchen und Geschichten, aber sie sind in den Köpfen der Menschen entstanden, es sind Phantasien."

„Alf und besonders du, Beate", ließ sich die Tante nicht beirren, „ihr seht nur das, was ihr sehen wollt, akzeptiert nur, was euer Verstand erfassen kann. In Wirklichkeit gibt es viel mehr um euch herum, aber davor verschließt ihr euch. Es ist fast so, als hättet ihr Angst davor."

Der Bauer zuckte mit den Schultern. „In mancher Hinsicht hast du ja Recht, aber deshalb darfst du deine Gefühle nicht personifizieren, Anna. Es gibt etwas, das wir wahrnehmen können, ohne es wirklich zu begreifen, aber das hat nichts mit Waldgeistern, Kobolden oder Eiszapfen- Prinzessinnen zu tun."

Nun schaltete sich die Bäuerin ein. „Tante Anna, schau bitte den Tatsachen ins Auge und fange nicht an zu spinnen. Irgendwann landest du sonst in einem Heim für Leute, die nicht mehr ganz richtig im Kopf sind. Das muss doch nicht sein."

Tante Anna schaute erbost auf. „Fragt euren Esel, er versteht von solchen Dingen mehr als ihr."

Daraufhin verlief die Mahlzeit schweigsam. Anschließend zog sich die Tante zurück in ihr Zimmer. Das Ehepaar blieb allein in der Essecke sitzen. Draußen tobte der Schneesturm, er rüttelte und klapperte an den Fensterläden und heulte im Kamin.

2.

„Es war hart von dir, was du gesagt hast", der Bauer warf einen etwas vorwurfsvollen Blick zu seiner Frau hinüber, „aber du hattest neulich Recht, wir müssen darauf achten, dass sich Tante Anna nicht in Phantasiewelten verliert."

Sie schaute auf die alte Wanduhr. „Regine scheint im Tal geblieben zu sein, sonst wäre sie längst zu Hause."

„Und wenn sie sich trotz des schlechten Wetters auf den Weg gemacht hat?" Er schien beunruhigt.

„Das ist doch unwahrscheinlich, Alf, sie weiß genau, wie heftig der Sturm hier oben toben kann, vergiss nicht, sie ist hier aufgewachsen. Regine wird jetzt wohl bei ihrer Freundin im geheizten Zimmer sitzen, und die beiden werden sich lebhaft über Schmuck und Kleider und ihre Mädchenträume unterhalten."

Sie griff zu einem Buch, das auf einer Ablage lag. „Lass mich jetzt noch ein wenig lesen, tagsüber kommt man ja nicht dazu."

Der Bauer schaute nachdenklich auf seine Frau, dann schob er den Stuhl zurück, erhob sich und ging hinaus. Es war ihm unerklärlich, aber noch nie hatte ihn eine so starke Unruhe ergriffen wie in der letzten halben Stunde. Es hielt ihn nicht mehr im Haus. Er zog seine Jacke über, stieg in die Stiefel und kämpfte sich durch den Sturm, der die Schneeflocken wirbeln ließ, hinüber zum Stall. Hier zündete er eine Laterne an und schaute zum Verschlag, in dem Balduin stand. Ihm war auf einmal, als hätte der Esel ihn schon erwartet, als wenn das Tier seine Unruhe mit ihm teilen wollte. Er ging auf den Esel zu.

„Was meinst du, Grauchen, ist Regine heute wirklich im Tal geblieben? Oder sollen wir beide aufbrechen und sie suchen?"

Der Esel stieß einen Ruf aus und scharrte mit den Hufen.

„Vielleicht machen wir uns auch nur unnütz Sorgen."

Der Bauer wollte dem Esel über den Rücken streichen, aber Balduin scharrte noch ungeduldiger, er wollte hinaus.

„Schon gut, ich hole nur noch eine dicke Decke und etwas Heißes zum Trinken", flüsterte der Bauer dem Esel ins Ohr, „wir beide werden losgehen und uns auf dem Weg ins Tal umschauen."

Daraufhin wurde Balduin ruhiger.

Im dunklen Hausflur begegnete dem Bauern Tante Anna. „Du machst dir Sorgen, Alf, nicht wahr? Du glaubst, Regine ist in dem Schneesturm unterwegs?"

„Ja, Tante, ich packe nur noch einiges zusammen, dann gehe ich mit Balduin los."

„Es ist gut, dass du den Esel mitnimmst, er kann Gefahren wittern, er ist sehr feinfühlig." Tante Anna schwieg einen Augenblick, dann fuhr sie fort: „Hörst du, wie der Nordwind heult? Heute ist die Nacht der Eiszapfen-Prinzessin. Hast du die langen Eiszapfen gesehen, die vom Dach hängen? Das hat etwas zu bedeuten."

Der Bauer war schon weiter in die Wohnstube gegangen. Er drehte sich noch einmal um. „Tante Anna, die langen Eiszapfen bedeuten, dass wir zuvor Tauwetter hatten, nichts weiter. Aber du glaubst auch, dass Regine heute Abend im Tal aufgebrochen ist?"

Die Tante nickte. „Ja, Alf, ich spüre so deutlich, dass sie uns ruft."

Die Hausfrau hatte inzwischen ihr Buch beiseite gelegt. Sie hatte das Gespräch mit Tante Anna gehört.

Der Bauer trat ins Zimmer. „Beate", sagte er sehr bestimmt, „ich gehe los und suche Regine. Ich habe keine Ruhe, es geht mir nicht aus dem Kopf, dass sie bei diesem Wetter unterwegs sein könnte."

Sie stand auf, ging auf ihren Mann zu und strich ihm liebevoll über die Schulter. „Ja, vielleicht ist es am besten so. Aber was wirst du tun, wenn du sie unterwegs nicht findest? Willst du bis ins Dorf hinunter und dich erkundigen?"

Sie packte einige Lebensmittel zusammen. Der Bauer hatte bereits eine Wolldecke ergriffen und rollte sie zusammen.

„Im Zweifelsfalle gehe ich bis ins Dorf, mach dir keine Sorgen, wenn es länger dauert."

„Pass gut auf dich auf", sagte sie zum Abschied.

Im Hauseingang stand Tante Anna. Sie hielt ein zusammengefaltetes Blatt Papier in der Hand. „Alf, ich habe noch etwas für dich", flüsterte sie. „Es ist das Sprüchlein, mit dem man die Eiszapfen-Prinzessin rufen kann, wenn man in Not gerät. Nimm es auf jeden Fall mit." Sie schob ihm das Blättchen in die Jackentasche.

„Tante Anna", der Bauer wurde unwirsch, „ich mache mir ernstliche Sorgen um unsere Tochter, und du fängst an mit Märchengedichten. Leiste Beate Gesellschaft, während ich fort bin. Aber erzähle ihr nicht immer etwas von Feen und Geistern, sie will dies gar nicht hören."

Im Stall schnaubte Balduin ungeduldig. Der Bauer ließ ihn aus seinem Verschlag und lud ihm das Gepäck auf. Für sich selbst holte er einen Stecken und die Laterne. Dann wandten die beiden dem Hof den Rücken und begaben sich in die Nacht hinaus.

3.

Die Laterne schaukelte im Sturm, und in ihrem flackernden Licht glitzerten die Schneekristalle. Der Weg war an manchen Stellen sehr tief verschneit, das Vorwärtskommen mühsam. Zunächst waren dem Bauern jeder Baum, jeder Busch und jede Bodenerhebung vertraut, doch dann kam er allmählich in ein Gebiet, in dem er sich nicht so gut auskannte. Immer wieder rief er gegen den Schneesturm an: „Regine, Regine, wo bist du?"

Doch es war, als wollte ihm der wirbelnde Wind die einzelnen Worte vom Mund reißen und in alle Himmelsrichtungen verteilen.

Schließlich kamen sie an eine Weggabelung. Hier führte ein steiler Pfad durch eine Schlucht in das Tal, der andere, breitere Weg schlängelte sich in großen Serpentinen am Hang entlang abwärts. Nach einigem Überlegen schlug der Mann den schmalen Pfad zur Schlucht ein, denn er konnte sich nicht vorstellen, dass seine Tochter bei einem aufziehenden Unwetter einen Umweg gemacht hatte.

Der Esel, der die ganze Zeit über brav hinter seinem Herrn her getrottet war, blieb bei der Gabelung stehen und rührte sich nicht.

„Komm schon, Balduin", drängte der Bauer. Doch es war vergebens. Der Esel verharrte weiter an seinem Platz. Schließlich gab der Bauer auf und kehrte zu seinem Tier zurück. „Ich glaube, wenn du so hartnäckig bist, sollte ich besser auf dich hören."

Er schaute in die Richtung, in der der breite Weg verlief. „Gut, Balduin, wir gehen hier entlang, aber nur bis zum Waldrand. Wenn du etwas gewittert haben solltest, dann müssten wir bis dort auf die Spur gestoßen sein."

Der Weg war schlechter als erwartet. An manchen Stellen lagen die Schneewehen so hoch, dass sie nur mühsam vorwärts stapfen konnten, an anderen Stellen lag der Boden fast frei und war verharscht und vereist. Außerdem verlief dieser Weg zunächst nach Norden, so dass die beiden dem eisigen Sturm unbarmherzig ausgesetzt waren. Aber der Gedanke an seine Tochter gab dem Bauern Mut.

Allmählich tauchte schemenhaft der Waldrand vor ihnen auf. Die Fichten knarrten im Sturm, von Zeit zu Zeit war das Knacken von brechenden Ästen zu hören.

„Regine, Regine!", rief der Bauer in das Dunkel des Waldes hinein. Doch es kam keine Antwort.

Der Esel hatte sich inzwischen einige Schritte weiter in den Wald hineingewagt und strebte auf eine kleine Anhöhe zu.

„Balduin, komm zurück", rief der Bauer, „hier kann Regine doch nicht sein!"

Doch der Esel reagierte nicht. So folgte der Bauer abermals den Spuren seines Tieres. Unmittelbar vor dem Anstieg zur Hügelkuppe gelangten sie urplötzlich in den Bereich des Windschattens, und es wurde angenehm still um sie herum.

Der Bauer ließ den Schein der Laterne umherschweifen und erspähte dicht vor sich eine breit ausladende, wunderbar gerade gewachsene Tanne. Sie war über und über mit Eis bezogen, und an ihren Spitzen hingen lange glitzernde Eiszapfen. Sie funkelten wie Tausende von Diamanten. Es war ein überwältigender Anblick. Eine Weile verharrte der Bauer in Staunen.

Doch dann begann er erneut zu rufen: „Regine, Regine, bist du hier? Gib Antwort, bitte, bitte, antworte mir!"

Alles blieb still. Unweit der Tanne ragte ein Baumstumpf aus dem Schnee hervor. Langsam ließ sich der Bauer darauf nieder. Zweifel erfassten ihn. Was sollte er tun, wie sollte es weitergehen? Er schaute zum Esel hinüber. Balduin stand still und rührte sich nicht.

Nochmals streifte der Bauer mit seiner Laterne die wundersame Welt der vereisten Tanne.

„Eiszapfen", flüsterte er, „wunderbare Eiszapfen, wie ich sie noch nie zuvor gesehen habe. Tante Anna sprach von der Nacht der Eiszapfen-Prinzessin."

Zögernd, ein wenig sich selbst überwindend, griff er in seine Jacke und holte das Blatt hervor, das Tante Anna ihm zugesteckt hatte. Leise las er:

> „Frost muss klirren, Schmelz muss rinnen,
> dann wird ihre Zeit beginnen.
> Wenn der Nordwind in der Nacht
> Schnee und Eis hat mitgebracht,
> suche ihren Lebensbaum
> tief versteckt am Waldessaum.
> Einen Wunsch gibt sie dir frei,
> ist das Gute mit dabei."

Nachdem er geendet hatte, lauschte er in die Stille. Zunächst geschah nichts, dann, nach einer Weile, hörte er es. Es war ein leises Rufen ... – es war Regines Stimme!

„Vater, Vater, bist du es? Ich bin hier, hier bei einer Fichte, ich hatte mich verletzt, ich konnte nicht mehr weiter."

„O, Gott, Kind!", suchend ließ der Bauer das Licht der Laterne unter Tannen und Fichten gleiten. Endlich erspähte er seine Tochter. Sie hatte sich unter einem Zweig einer abseits stehenden Fichte eingerollt und mit ihrem Mantel zugedeckt. Mit wenigen Schritten war er bei ihr. Er half ihr aus dem Schnee und trug sie zum Baumstumpf. Als sie dort saß, nahm er sie fest in die Arme.

„Weißt du", sagte er, „ich habe mir nichts sehnlicher gewünscht, als dich lebend vor mir zu sehen. Alle anderen Wünsche im Leben sind auf einmal so klein und nichtig. Jetzt bin ich so glücklich."

Inzwischen hatte sich Balduin zu Vater und Tochter gesellt, ihm wurde das Gepäck abgenommen. Der Vater hüllte Regine in eine Wolldecke und gab ihr heißen Tee zu trinken.

„Was ist mit deiner Verletzung?" Trotz des übermäßigen Glücks, seine Tochter gefunden zu haben, klang die Stimme des Bauern besorgt.

„Ich habe mir den Fuß vertreten, ich glaube, es ist nichts Ernstes, aber ich konnte einfach nicht weitergehen." Regine erzählte kurz, was ihr passiert war und warum sie überhaupt bei aufziehendem Unwetter den Weg zum Berghof angetreten hatte. „Meine Freundin und ich, wir hatten einen Streit. Nichts Schlimmes, aber ich wollte nicht bei ihr übernachten."

„Und wie kam es, dass du ausgerechnet an dieser Stelle Unterschlupf gesucht hast?" Der Bauer schaute mit seltsamem Blick hin zu der Tanne, die über und über mit Eiszapfen geschmückt war.

Das Mädchen kuschelte sich tiefer in die Wolldecke. „Es ist mir ja gar nicht weit von hier passiert. Ich habe mir zum Ausruhen eine Stelle gesucht, bei der es windstill war. Irgendwann muss ich dort eingeschlafen sein."

„Du musst einen Schutzengel gehabt haben", sagte der Vater. Dann fügte er hinzu: „Hast du die Eiszapfen an der Tanne bemerkt?"

„Eiszapfen? Nein, es war ja schon recht dunkel." Regine schaute umher, und der Bauer ließ das Licht der Laterne auf die Tanne fallen.

„O", staunte sie. Dann sagte sie plötzlich: „Im Traum habe ich das Gedicht von der Eiszapfen-Prinzessin gehört, weißt du, das Gedicht, das Tante Anna mir früher immer aufgesagt hat. Sie kennt wunderbare Verse und Märchen. Ich glaube, von dem Gedicht über die Eiszapfen bin ich vorhin wach geworden."

Der Bauer sagte nichts mehr. Er packte die mitgebrachten Dinge zusammen und half seiner Tochter, auf Balduins Rücken zu steigen. Sie brachen auf. Sobald sie aus dem Windschatten herauskamen, tobte der Schneesturm wieder unbarmherzig. Am Waldrand hielt der Bauer noch einmal an und suchte im Dunkeln die Richtung, in der sich die vereiste Tanne befand.

„Wer immer es war und wie immer es zugegangen sein mag, ich möchte mich bedanken", flüsterte er leise. Und ihm war, als höre er es ganz leise klirren; es war ein Klang, als ob zarte Eiszapfen einander berührten.

Unterwegs sprachen die beiden nicht mehr viel miteinander. Sie kämpften sich durch Sturm und Schneetreiben heim und waren froh, als sie die Lichter sahen, die aus den Fenstern der Wohnstube in die Dunkelheit leuchteten.

4.

Später in der Nacht, Regine schlief schon in ihrem Bett und Balduin stand wieder an seinem gewohnten Platz im Stall, saßen die Eheleute in der Wohnstube zusammen. Sie unterhielten sich über die Ereignisse der letzten Stunden.

Die Bäuerin war überglücklich, dass ihre Tochter wieder wohlbehalten bei ihnen war. Sie berichtete von ihren Sorgen, die sie ausgestanden hatte, als sie ihren Mann und ihre Tochter im Schneesturm unterwegs wusste. Der Bauer hatte nur kurz geschildert, unter welchen Umständen er Regine gefunden hatte. Er hatte lobend über Balduin gesprochen und mehrfach seine Freude darüber geäußert, dass dem Mädchen nichts Ernstes zugestoßen war.

Über das Geheimnisvolle, das er erlebt hatte, schwieg er zunächst.

Nach einer Weile gesellte sich auch Tante Anna zu ihnen.

„*Sie* hat dir geholfen, nicht wahr? Ohne *Sie* hättest du Regine nicht gefunden", sagte sie in Andeutungen.

„Sprich doch nicht in Rätseln, Tante Anna", erwiderte die Bäuerin. „Wer ist *Sie*?"

„Die Eiszapfen-Prinzessin! Sie war es doch, Alf, oder war das alles Zufall?"

Der Bauer zuckte die Schultern. „Es war eine merkwürdige, unwirkliche Situation. Aber die Eiszapfen-Prinzessin? Nein, Tante Anna, je mehr ich darüber nachdenke, desto weniger glaube ich daran. Es gibt keine Märchenprinzessinnen, die in der Wirklichkeit herumgeistern. Auch wenn es heute Nacht so schien, als sei ich mitten in einem Märchen gewesen. Selbst Balduin wirkte auf mich übernatürlich. Dabei hat das Tier nur einen guten Instinkt und seine tiefe Anhänglichkeit an uns Menschen. Vielleicht kann Balduin manches wahrnehmen, was wir Menschen nicht können, aber das hat nichts mit Feengestalten zu tun."

Die Tante sah ihn mit einem merkwürdigen Ausdruck an. „Alf, heute hast du erfahren, dass es mehr gibt als deine Welt, in der du bisher gelebt hast. Aber du willst dies immer noch nicht wahr haben. Wie viele Beweise dafür brauchst du denn noch?"

Der Bauer schwieg lange. Sinnend schaute er durch das Fenster hinaus in die Dunkelheit.

„Tante Anna", sagte er schließlich, „am heutigen Abend habe ich etwas erlebt, das wie ein Märchen war, weil ich es durch dein Erzählen über die Eiszapfen-Prinzessin zu einem Märchen gemacht habe. In meiner Verzweiflung habe ich sogar das Sprüchlein aufgesagt, das du mir mitgegeben hast. Und in meinem Glück, meine Tochter gefunden zu haben, habe ich mich bei einem Märchenwesen bedankt. Ich habe nicht mehr gesehen, was war, sondern wie ich es sehen wollte. Das ganze Leben kann ein Märchen sein, bevölkert mit Waldgeistern und Gnomen, wenn ich meine Phantasie schweifen lasse. Aber es gibt etwas anderes zwischen Himmel und Erde, das unser Verstand nicht erfassen kann. Ich spüre, dass ich heute von einer Kraft geleitet worden bin, die mir Mut gegeben und mich an die richtige Stelle geführt hat. Und an diese Kraft will ich auch mein Leben lang glauben."

„Und wer oder was ist diese Kraft?" Tante Anna sah zweifelnd in die Runde.

„Diese Kraft", sagte der Bauer schlicht, „ist die Liebe."

Für Augenblicke war es still in dem Zimmer, dann brach draußen vor dem Fenster ein großer Eiszapfen ab und zerschlug klirrend auf dem Erdboden.

Die Winterkönigin

Im eisigen Palast im Norden
erwacht die Winterkönigin.
Es ist jetzt ihre Zeit gekommen,
ihr langer Schlaf vom Sommer hin.

Von des kristall'nen Turmes Zinne
schaut weit sie übers Land hinaus.
Braun sind schon Auen und die Wälder,
nun müssen die Getreuen aus.

Sie ruft den Sturm, sie ruft den Schnee,
weckt auf den Frost und Nebel:
„Macht Euch bereit, es ist so weit,
setzt an des Winters Hebel."

Noch müde und erst zögernd nur
beginnen sie ihr Schaffen,
und setzen sehr bedächtig ein
die klirrend-eisigen Waffen.

Doch bald schon sind sie voll erwacht
und wollen die Kraft entfalten;
sie können viele Wochen lang
im kargen Lande walten.

Der Nebel ist zuerst zur Stell',
beginnt schon früh am Tag.
Er spinnt die Welt unsichtbar ein,
das Dämmerlicht er mag.

Dann braust der Sturm heran mit Macht
und heult, wenn Baum und Busch sich biegen.
Von manchem Schiff bleiben am Strand
nur noch vereinzelt Trümmer liegen.

Doch auch der Sturm erschöpfet sich,
denn er muss gar viel tragen;
die grauen Wolken, tief und schwer,
sie sind mit Schnee beladen.

Der Schnee, der Königin Spielgesell',
ist leis' und weich und sacht.
Er zaubert ruhig mit zarter Hand
die weiße Landschaft über Nacht.

Er hüllt die Pflanzen in ein Kleid,
gibt Schutz den wilden Tieren;
umsichtig sorgt er so dafür,
damit sie nicht erfrieren.

Es naht der Frost, der Waffengefährt',
gar grimmig kommt er her;
bringt zum Erstarren die Bäche, die Seen,
das Eis wird mächtig und schwer.

In tiefem Schweigen liegt die Welt,
verlor'n ist die Kraft der Sonne;
vergessen sind Frohsinn und Blumenduft
und des Sommers Wärme und Wonne.

Nun ist die Zeit, dass im Palast
die Königin lädt zum Feste.
Es glitzert und funkelt das Eiskristall,
es kommen geladene Gäste.

Die Königin hebt das schimmernde Glas:
„Liebe Freunde, wir können uns freuen,
wahrlich gut erfüllten sie ihre Pflicht,
trinkt zu Ehren unsrer Getreuen.

Sie haben erobert das Land und die Seen,
sie kämpften mit aller Macht.

Die Welt liegt in Schnee und in Eis eingehüllt,
in weißer, schimmernder Pracht."

Und alles jubelt und lacht und scherzt,
sie feiern bis in den Morgen:
„Wir haben den Sommer verdrängt aus dem Land,
er hat sich aus Angst wohl verborgen."

Nur ein Gast, ungebeten, doch von keinem verwehrt,
er schaut zum Fenster herein.
„Recht bald schon, Königin", sagt das Licht,
„dann schläfst Du für lang wieder ein."

Das goldene Geschenk der Nordsee

1.

Die letzten Tage vor Weihnachten wurden für mich unerträglich. Die Bekannten hatten, so schien es mir, keinen anderen Gesprächsstoff als die Vorbereitungen für Weihnachten und das Fest selbst. Es war, als hätten alle auf einmal eine heile Welt daheim und jeder sorgte sich um jeden. Alle hatten eine große Verwandtschaft und waren eingedeckt mit guten Freunden.

Ich konnte damit nicht aufwarten, ich war das, was man als „alleinstehend" oder vom Familienstand her als Witwe bezeichnet. Zwar war ich nicht isoliert, aber meine gesellschaftlichen Kontakte reichten doch nicht aus für ein gemeinsam verbrachtes Weihnachtsfest.

Als dann auch noch die große Weihnachtswelle bis in unser Büro schwappte, musste ich erkennen, dass dieses Fest der Liebe und des Miteinander in mir erst das Unbehagen der Einsamkeit auslöste. Würde es dieses „Weihnachten" überhaupt nicht geben, so folgerte ich, so könnte ich mit meinem Leben einigermaßen zufrieden sein.

Es gab zwei Familien in der Nachbarschaft, mit denen ich mich ausgezeichnet verstand; zweimal in der Woche trafen wir uns, entweder fuhren wir zum Schwimmen oder besuchten einen Kursus bei der Volkshochschule. Die Kinder kamen häufig zu mir herüber, besonders dann, wenn es mit den Schulaufgaben haperte. Zusätzlich waren da noch meine langjährigen Freunde Ina und Sven, Hannes und Mia, Rosel, Birgit und Maja, die sich auch alle untereinander gut verstanden. Wir unternahmen oft etwas zusammen. Nein, von Vereinsamung konnte ich nicht reden!

So war auch die Adventszeit schön gewesen. Wir hatten Weihnachtsmärkte besucht und waren in Konzerten gewesen. Die Weihnachtstage allerdings hatte jeder meiner Bekannten individuell verplant, es war keinem eingefallen zu fragen, wie ich das Fest verbringen würde.

Für mich war es klar, wie es sich bei mir gestalten würde. Seitdem drei Jahre zuvor Richard tödlich verunglückt war, hatte ich bisher jedes Fest allein verbracht. In diesem Jahr graute mir davor. Dieser selbstquälerische Heiligabend, allein in meiner Wohnung, unfähig, etwas Sinnvolles zu tun, brütend über aufgeschlagenen Fotoalben, neben mir die Flasche Rotwein, mit der ich es schaffte, das Stimmungstief zu verschleiern. Dann das Starren aus dem Fenster zu den Wohnzimmern der Nachbarn, in denen die beleuchteten Weihnachtsbäume standen! Das konnte ich nicht noch einmal durchmachen.

Am letzten Arbeitstag des Jahres, am 22. Dezember, als sich alle Kollegen untereinander „frohe Festtage" gewünscht hatten und dann in die unterschiedlichsten Richtungen auseinander geschwirrt waren, packte es mich mit aller Macht. Ein innerer Motor trieb mich in die Stadt; nur nicht heim in die Wohnung, dachte ich. Ob es wirklich ganz zufällig war oder ob mich mein Unterbewusstsein ein wenig geleitet hatte, kann ich heute nicht mehr mit Bestimmtheit sagen, jedenfalls kam ich an einem Reisebüro vorbei und ging nach nur kurzem Zögern hinein. Verreisen, einfach allem entrinnen, das wäre eine Lösung!
Als ich die Reiseagentur eine Stunde später verließ, war mir klar, dass ich mich mit der Wahl meines Reiseziels noch viel mehr in die Einsamkeit zurückgezogen hatte, aber dies war jetzt eine freiwillige Entscheidung, eine freiwillige Einsamkeit, es war mein Wille!
Und ich hatte Sehnsucht, genau dorthin zu kommen: Ich hatte ein kleines Ferienhaus auf einer Düne mit Meerblick auf einer dänischen Nordseeinsel gebucht, ein Haus für mich allein, weit und breit keine Nachbarn, keine geschmückten Weihnachtsbäume, nur die Dünen, der Sand, das Meer und ich.

Der Wetterbericht hatte trockenes, kühles Wetter gemeldet. Erst zum Heiligabend sollte leichter Schneefall einsetzen. Die Straßen waren eisfrei, Komplikationen hinsichtlich der Anreise bestanden daher nicht.
Den Abend verbrachte ich mit Reisevorbereitungen. Es machte Spaß, ich lebte richtig auf. Am frühen Morgen war ich immer noch guter Laune. Jetzt sah ich auch meine Wohnung, die ich liebevoll eingerichtet hatte, mit ganz anderen Augen. Ich freute mich auf das Wiederkommen.

2.

Für die Anreise hatte ich mit fünf Stunden gerechnet, aber es wurden mehr. Zweimal musste ein größerer Stau überwunden werden, natürlich, die Reisewelle rollte, und ich war mitten darin. An einer Tankstelle kam ich mit einer älteren Dame ins Gespräch. Sie hatte mich beobachtet und fing bei der Kasse von sich aus an zu reden.

„Sie fahren ganz allein?"

„Ja", sagte ich. „ich bleibe auch allein. Ich habe für eine Woche ein Ferienhaus in den Dünen gemietet."

Die Dame schaute mich mit einem sehnsüchtigen Blick an. „Sie Glückliche, ich reise mit einer großen Familie. Die Omas werden immer mitgenommen, um zu kochen und auf die Kinder aufzupassen. Vielleicht auch noch, um hier und da Streit zu schlichten. Weihnachten wird es besonders schlimm. Die Hälfte der Geschenke ist sowieso verkehrt eingekauft. Eigentlich bin ich froh, wenn der ganze Rummel wieder vorbei ist." Beim Hinausgehen drehte sie sich noch einmal um. „Sie haben es gut", sagte sie voller Überzeugung.

Auf den dänischen Straßen gab es nicht so viel Verkehr. Ich ließ mir Zeit; öfter schweifte mein Blick über die flache bis sanfthügelige Landschaft mit den vereinzelt stehenden Gehöften.

Im Fährhafen herrschte durch die Wintergäste mehr Andrang, aber dies war einkalkuliert, denn die Fähren kamen in rascher Folge, lange Wartezeiten gab es nicht. Die Überfahrt dauerte nur einige Minuten. Trotzdem stieg ich zwischendurch aus dem Wagen und ließ mir den eisigen Wind um die Nase wehen.

In der Nähe vom Fährhafen der Insel war das Reisecenter, an das ich mich wenden musste, um den Schlüssel für das Ferienhaus zu bekommen.

„Eine einzelne Person?", fragte mich die nette Dänin auf deutsch.

Als ich nickte, meinte sie: „Ich wünsche Ihnen trotzdem schöne Ferien und frohe Festtage. Schauen Sie in unserem Katalog nach, wir haben viele Erlebnisangebote für Singles."

Ich bedankte mich und steckte die mir übergebenen Unterlagen und den Schlüssel ein. Die Landkarte, auf der der Weg zu meinem Bungalow eingezeichnet war, legte ich auf den Beifahrersitz. Die Sonne stand schon beachtlich tief. Wenn ich nicht im Dunkeln den Weg durch die Dünen ertappen wollte, musste ich mich beeilen.

Die gesamte Insel hat nur eine Hauptverbindungsstraße. Auf diesem Teil der Strecke kann man sich nicht verfahren, aber später, auf den sandigen Wegen durch die teilweise mit Kiefern bewaldeten Dünen, wurde es problematischer. Mehrmals fuhr ich in falsche Stichwege hinein. Dann sah ich die hübschen Bungalows, versteckt zwischen Dünen oder in Kiefernwäldchen liegen. Neugier kam in mir auf. Welches von den Häuschen würde für die nächsten Tage mein Domizil sein?

Im letzten Licht einer blutrot untergehenden Sonne hatte ich „mein" Haus gefunden. Es sah klein und bescheiden aus, aber seine Lage ließ mein Herz höher schlagen. Es stand in einer Dünenmulde, im Süden und Osten war es von Kiefern umgeben, und nach Westen war der Blick frei über die mit Strandhafer bewachsene Dünenkette bis zum Meer. In der Ferne hörte ich die Brandung rauschen. Der Himmel wies alle Farbschattierungen auf vom zartesten Gelb bis zum tiefsten Rot, vom zarten Wasserblau bis zum erdfarbenen Grau.

Fasziniert wartete ich, bis der rote Sonnenball am Horizont verschwunden war, dann ergriff ich Besitz von meinem Ferienhäuschen. Es bestand aus einer behaglich eingerichteten Wohnküche, zwei winzigen Schlafkammern und einem Bad. In der Essecke hatte es ein Panoramafenster zum Meer.

Die nächste halbe Stunde beschäftigte ich mich mit den Gebrauchsanweisungen für Heizung, Küchengeräte und den Fernseher. Dann holte ich meinen Koffer und meine bescheidenen Lebensmittelvorräte aus dem Wagen und räumte ein. Gegen den inzwischen aufgekommenen gesunden Appetit bereitete ich mir ein deftiges Brot und kochte Tee. Ich merkte, dass ich müde war, richtiggehend müde. Es dauerte nicht mehr lange, und ich gab dem tiefen Bedürfnis nach Schlaf nach.

3.

Das erste fahle Dämmerlicht schien durch die Fenster. Ich erwachte wie aus einer tiefen Erschöpfung und konnte mich zunächst gar nicht besinnen, wo ich mich eigentlich befand. Dann kam die Erinnerung. Ich sprang aus dem Bett, lief ins Wohnzimmer und blickte aus dem Fenster. Dünen und Meer, so weit ich schauen konnte! Der Himmel war grau verfinstert, am Horizont im Westen wirkte er sogar schwarzgrau. Schneeflocken wirbelten durch die Luft.

In meiner Wohnküche war es mollig warm. Ich hatte am Abend nicht mehr daran gedacht, die Heizung auf die in der Gebrauchsanweisung vorgeschriebene „Nachttemperatur" zu regulieren. Meine Vergesslichkeit kam mir jetzt zugute.

Ich ließ mir Zeit für ein ausgiebiges Frühstück. Dann musste ich daran denken, die Lebensmittelvorräte für die Feiertage zu besorgen. Es war Heiligabend, und ich wusste nicht, wie die Öffnungszeiten der Geschäfte geregelt waren.

Vor der Haustür packte mich der stürmische Wind. Sand trieb mir in die Augen. Ich war froh, dicke Pullover und gefütterte Winterhosen eingepackt zu haben. Trotz des Sturms und der tief hängenden grauen Wolken fühlte ich mich glücklich. Glücklich über meine Entscheidung, nicht daheim geblieben zu sein! Ich freute mich unbändig auf eine Wanderung entlang der Brandung, auf einen gemütlichen Abend, an dem ich mir etwas Ausgefallenes kochen würde.

In einem kleinen Supermarkt kaufte ich ein: Hähnchen, mehrere Sorten Gemüse, eine Menge Kräuter, Reis und Nudeln, Brot, Aufschnitt und kleine, verlockend aussehende dänische Kuchen. Auf Rotwein verzichtete ich, er war hier überflüssig.

Wieder zurück im Ferienhaus räumte ich die Lebensmittel in den Vorratsschrank, dann holte ich die Gummistiefel, einen dicken Anorak und die Mütze mit Ohrenklappen hervor. So angezogen ließ sich eine längere Strandwanderung gut aushalten.

Immer noch stiebten Schneeflocken in der Luft, aber es war kein ergiebiger Schneefall. Durch einen Pfad in den Dünen gelangte ich zum Strand. Er war fast menschenleer; nur in der Ferne, als kleine bewegliche Pünktchen zu erkennen, sah ich einige Spaziergänger. Im Bereich der Brandung blieb ich stehen. Hohe Wellen, auf denen weiße Schaumkronen tanzten, rollten zum Ufer an, überschlugen sich und liefen auf dem Sand aus. In immerwährender Wiederholung spielte sich dies ab; ein Ritual der Natur.

Der kalte Westwind trieb mir Tränen in die Augen, feiner Sand fegte über den Strand. Ich breitete die Arme aus, warf mich dem stürmischen Wind entgegen und spürte, dass ich lebte, dass ich atmete und dass ich frei war; frei, um zu tun und zu lassen, was ich wollte. Schneegriesel fiel auf mein Gesicht, ich genoss es. Noch heftiger hätten die Elemente toben können, ich hätte mich ihnen mit Kraft entgegen geworfen und mich darüber gefreut.

In diesem Augenblick drang eine entfernte Stimme an mein Ohr, irgendein Rufen aus der Richtung der Dünen. Ich drehte mich um. Auf einer Kuppe in der vordersten Reihe der Dünen stand ein Mann und winkte mir zu. Er gestikulierte lebhaft. Ich erschrak. War dies eine Warnung? Hatte ich mich zu weit zur Brandung vorgewagt, waren hinter mir kleine Strandpriele, die sich gezeitenbedingt anfüllten?

Aber ich konnte nirgendwo eine Gefahr entdecken. Der Mann hob die Arme und hielt sie gegen den Sturm, dann zeigte er auf mich. Unsicher wiederholte ich seine Geste, und er nickte zustimmend. Ich wusste nicht warum, aber ich blieb noch eine kleine Weile so stehen. Dann wurde mir die Situation allmählich peinlich. Ich ließ die Arme sinken, kehrte der Brandung den Rücken und wendete mich der Düne zu, wo der Mann stand. Beim Näherkommen sah ich, dass er einen Skizzenblock in der Hand hielt.

Er wartete auf mich und lächelte mir entgegen.

„Entschuldigung", sagte er herzlich, „ich wollte Sie nicht von Ihrem Spaziergang abhalten, aber Sie machten eine so bewegende Geste am Strand, diese musste ich einfach als Skizze festhalten." Etwas verlegen hielt er mir seinen Skizzenblock entgegen.

Ich sah auf die oberste Zeichnung: Ein einsamer Strand, flüchtig gemalt, und ein Mensch, der sich dem scheinbar unendlichen Meer und der gewaltigen Brandung mit erhobenen Armen entgegenstellte. Und trotzdem, es war nicht der Ausdruck eines Kampfes, sondern einer wunderbaren Harmonie. Ich war überwältigt: „Das haben Sie in diesen wenigen Minuten gezeichnet?"

Er schaute mich an, als ob er etwas ergründen wollte. „Es ging etwas Großartiges von Ihnen aus. Es ist schwer, es in Worte zu fassen."

„Es ging auch etwas Großartiges in mir vor", erwiderte ich. „Ich fühlte mich auf einmal frei, so grenzenlos frei und von allem gelöst. Können Sie dies verstehen?"

Der Mann sah mich ernst an. „Ja, sehr gut sogar. Aus diesem Grunde liebe ich das Meer und den Sturm. Ich komme in jedem Winter hierher und male."

Ich war neugierig geworden. „Ist das Ihr Beruf?"

Er lächelte, gleichzeitig huschte ein Schatten des Bedauerns über sein Gesicht. „Nein, mein erlernter Beruf ist es nicht, aber vielleicht eine bestimmte Berufung. Ich weiß es nicht genau."

Wir schwiegen und schauten auf das Meer und die Brandung.

„Und was machen Sie jetzt mit der Skizze?", fragte ich nach einer Weile.

„Vielleicht male ich die Szene in ein Ölgemälde ein, vielleicht verfeinere ich auch nur die Skizze." Dann schmunzelte er. „Aber keine Angst, dass ich aus Ihnen eine Karikatur mache, ich male nicht abstrakt."

Dann wechselte er das Thema. „Bewohnen Sie auch ein Ferienhaus hier im Umfeld?"

Ich zeigte auf das kleine Gebäude in der höher gelegenen Mulde. „Dort oben das Haus, es ist ein bisschen winzig, aber für eine Person reicht es."

Er stutzte. „Sie sind hier ganz allein?"

Ich nickte, gab aber sonst keine Antwort. Es gibt Dinge, die kann man nicht fremden Menschen in drei Sätzen erklären.

„Ausnahmsweise bin ich diesmal mit großem Anhang gekommen", erzählte er, „mit meiner Schwester, dem Schwager, den Schwiegereltern meiner Schwester und den Kindern. Aber das Haus hat einen Anbau mit separatem Eingang, dahin ziehe ich mich oft zurück". Er sagte es, als wäre er nicht besonders glücklich über die Fülle an Familie, die er momentan um sich hatte. „Als ich ihnen im Sommer von Bernsteinfunden an diesem Küstenabschnitt erzählt habe, waren sie nicht mehr zu halten. Sie wollten unbedingt mitfahren. Nun gehen sie hier bei Wind und Wetter mit ungebrochener Begeisterung dieser Sammelleidenschaft nach."

Ich bekam glänzende Augen. „Ist das wahr? Wird hier wirklich Bernstein gefunden?"

Der Maler schaute mich leicht belustigt an. „Ja, man kann schon etwas finden, aber ein bisschen Erfahrung gehört dazu. Man muss die jeweiligen Strömungen kennen, mit denen der Bernstein angeschwemmt wird. Er liegt nicht überall am Strand, nur an bestimmten Stellen. Meistens befindet er sich versteckt in Resten von abgestorbenem Tang. Dann ist es noch sinnvoll, bei einsetzender Ebbe auf die Suche zu gehen, denn jedes Mal mit der neuen Flut wird neues Material an den Strand gespült." Er lachte. „Wollen Sie auch auf Schatzsuche gehen?"

„Warum eigentlich nicht", sagte ich, „die ersten Anleitungen dazu haben Sie mir nun gegeben. Ich glaube zwar nicht, dass die Bernsteinsuche meinen ganzen Urlaub ausfüllen wird, aber auf jeden Fall werde ich am Strand die Augen offen halten." Ich wandte mich zum Gehen.

„Wenn Sie in zwei Stunden dort unten an dem Strandpriel sind", meinte er, „dann treffen Sie meine Familie auf der Bernsteinjagd. Schließen Sie sich ihr an; ich sage Bescheid, dass Sie kommen werden."

„Danke", sagte ich, „vielleicht mache ich es." Und im Zurückgehen Richtung Strand rief ich ihm zu: „Kann ich das Bild einmal anschauen, wenn es fertig ist?"

„Ja, natürlich", rief der Mann zurück, während er von der sandigen Düne zum Weg hinab rutschte.

4.

Ich unternahm noch eine kleine Wanderung entlang der Brandung, dann zog es mich ins Ferienhaus zurück. Mein Gesicht brannte von dem Laufen gegen den eisigen Wind. Ich kochte mir Kaffee, holte dänische Kuchen hervor und setzte mich hinter das Panoramafenster. Von hier aus konnte ich den Strand beobachten und die Stelle mit dem Strandpriel einsehen. Der Wind war stärker geworden, die Brandung schlug hoch, aber es hatte aufgehört zu schneien.

Es dauerte tatsächlich nicht mehr lange, da kam ein kleiner Trupp Menschen über den Strand auf den Priel zugewandert. Sie hatten wetterfeste Kleidung an, Stöcke und Harken bei sich und einen Gegenstand, der aus der Entfernung wie ein kleines Fangnetz aussah. Sie wühlten in dem angeschwemmten Tang. Eines von den Kindern jubelte plötzlich auf und zeigte etwas in die Runde.

Ich war neugierig geworden. Wenige Minuten später hatte ich mich wieder in meine Polarforscher-Garderobe verpackt und wanderte hinaus, die Dünen herunter und hin zu dem Strandpriel, in dem sich noch seichtes Wasser der vorangegangenen Flut befand.

Eine der Frauen erspähte mich zuerst. Sie winkte mir zu, ich solle herüber kommen.

Bald schon hatte ich die kleine Gruppe erreicht. Die Begrüßung war herzlich; ich stellte mir die Frage, was wohl meine mittägliche Dünenbekanntschaft über mich erzählt hatte.

Nach einer Viertelstunde war ich über die Bernsteinsuche recht gut informiert. Auch die Kinder hatten voller Eifer ihr Wissen an mich weitergegeben. Mit wahrem Enthusiasmus wühlte ich nun mit Hilfe eines Stöckchens in den nassen, sandigen Strandablagerungen. Plötzlich musste ich lachen. Wenn meine Kollegen mich jetzt so sehen würden oder meine Bekannte Rosel, die immer so viel Wert darauf legte, dass ihr Nagellack keine Kratzer abbekam!

Ich wühlte weiter, zwei winzige Bernstein-Splitterchen hatte ich schon in meinen Besitz gebracht. Für die Sammlerfamilie schien dies nicht allzu viel zu sein, denn der Schwager meiner Dünenbekanntschaft tröstete mich: „Man muss ein Auge dafür entwickeln. Wenn die Sonne scheinen würde, wäre es einfacher, denn der Bernstein reflektiert im Sonnenlicht."

„Es ist doch gar nicht schlimm, wenn ich nur einige Winzlinge finde", erwiderte ich, „Hauptsache, es macht Spaß."

Zwischen all der Sucherei nahm sich die Familie Zeit, holte eine Flasche mit Kräuterbitter hervor und ließ sie kreisen. Die Kinder bekamen Schokoladenplätzchen.

Über uns hatte sich die Bewölkung aufgelockert, hin und wieder huschten Sonnenstrahlen über den Strand. Die Sonne stand schon sehr tief. Ein roter Sonnenuntergang, wie am Vortag, war nicht zu erwarten, denn in der Ferne über dem Meer zogen tief dunkelgraue Wolken auf.

„Es wird Schnee geben", sagte der „Schwiegervater".

„Zum Heiligabend gehört auch Schnee", antwortete seine Frau.

„Brennen die elektrischen Kerzen am Bäumchen schon?", fragte die junge Frau leise.

Die ältere Frau nickte und legte den Zeigefinger auf den Mund. Die Stimmung, kurz zuvor noch auf die Urlaubsaktivität gerichtet, schlug um, das Erlebnis des Heiligen Abends stand nun bevor.

Mir wurde allmählich kalt, meine Begeisterung für die Schatzsuche begann zu schwinden. Unmerklich entfernte ich mich weiter und weiter von der netten, herzlichen Familie, mit der mich nicht mehr verband als eine Urlaubsbuchung, zufällig für die gleiche Zeit am gleichen Ort. Diese Familie hatte ihren Heiligabend, ich den meinigen.

Inzwischen war ich der Brandung ziemlich nahe gekommen. Ich beobachtete, wie sich mit gleichmäßiger Kraft die Wellen am Strand brachen, und schaute auf die Gischt, wie sie versprühte und sich auflöste. Die dunkle Wolkenwand war näher herangezogen, aber es gab noch einen kleinen freundlichen Abschnitt am Himmel. Und bevor die sinkende Sonne endgültig hinter der Wolkenwand verschwand, wurde der Strand noch einmal erhellt und in ein unwirkliches, goldenes Licht getaucht. Die letzten Sonnenstrahlen brachen sich in einem kleinen, noch undefinierbaren Bröckchen, das einsam auf dem nassen, festgeschwemmten Sand lag. Ich ging darauf zu, hob es auf und hielt es gegen das Licht. Goldgelb schimmerte es durch das Bröckchen hindurch. Bernstein! Ich hatte wirklich Bernstein gefunden. Das Stück war etwas größer als eine Streichholzschachtel und ganz leicht. In übermütiger Freude machte ich drei große Sprünge, dann blickte ich zum Meer hinüber.

„Danke", rief ich, „danke, das ist ein wunderschönes Weihnachtsgeschenk!"

Als ich mich umsah, war der Trupp Bernsteinsucher bereits in den Dünen unterwegs. Ich war allein am Strand. Die dunkle Wolkenwand hatte sich inzwischen bedrohlich genähert, Sturm kam auf. Ich beeilte mich, zum Ferienhaus zurückzukommen, und schaffte es noch gerade bis zur Zufahrt, als ein Schneegestöber einsetzte, das mir im Halbdunkeln fast die Sicht nahm.

5.

Im Haus waren die Geräusche des Schneesturms nur noch gedämpft zu hören. Ich drehte die Heizung höher, damit es angenehm warm wurde und schlüpfte in mein bequemes Hauskleid. Dann bereitete ich das Hähnchen zu und schob es in den Backofen. Schließlich zündete ich einige Kerzen an und ließ mich gemütlich in der Sofaecke nieder. Vor mir lag der Bernstein, das Weihnachtsgeschenk der Nordsee.

Und dann hörte ich ein klopfendes Geräusch. Zuerst dachte ich, irgend etwas am Haus sei vom Sturm losgerissen worden und schlüge gegen ein Fenster. Dann klopfte es wieder. Es war an der Haustür. Ich ging hin und öffnete vorsichtig einen schmalen Spalt.

Vor der Tür, im dicksten Schneetreiben, stand meine Dünenbekanntschaft, der Maler. In seiner Hand hielt er ein verschnürtes Päckchen.

„Darf ich hereinkommen?", fragte er.

Ich wurde verlegen. „Natürlich, wie unhöflich von mir."

Ich bot ihm in der Wohnküche einen bequemen Platz an und holte Gläser und Saft herbei. „Sekt oder Wein habe ich leider nicht eingekauft, aber der Saft schmeckt gut."

„Sie hatten mich heute Vormittag um etwas gebeten", sagte er unvermittelt.

„Gebeten?" Ich war erstaunt.

„Ja, Sie wollten das Bild sehen, das ich von Ihnen gemalt habe. Ich habe es als Zeichnung belassen, aber verfeinert, ausgefeilt sozusagen. Wenn es Ihnen gefällt, können Sie es behalten." Er legte das verschnürte Päckchen neben mich auf den Tisch.

Ich schaute etwas fragend, irritiert.

„Nun machen Sie es schon auf", sagte er.

Ich packte das Bild aus und hielt es so, dass Licht darauf fallen konnte. Zunächst konnte ich gar nichts dazu sagen. Die Skizze hatte mich schon tief berührt, aber die ausgearbeitete Zeichnung überwältigte mich. Die Zeichnung zeigte mich, ja, das war ich, vielleicht nicht in allen äußerlichen Einzelheiten, aber das Bild verkörperte meine Seele so, wie ich sie in dem Augenblick, in dem ich die Hände ausgestreckt und dem Meer entgegen gehalten hatte, tief in mir selbst gefühlt hatte. Allein die Darstellung der Handbewegung brachte das Freie, Losgelöste zum Ausdruck. Erneut spürte ich die Kraft, um etwas kämpfen zu können, mich nicht nur beugen zu müssen, sondern einer Situation auch trotzen zu können, ohne eine innere und äußere Harmonie zerstören zu müssen.

Und ich fühlte plötzlich, dass mein erster Schritt in eine neue Richtung begonnen hatte. Ich erkannte, dass die einsamen Abende an den vergangenen Weihnachtstagen nicht die Schuld mehr oder weniger egoistischer Freunde war, sondern dass es meine eigene Schuld war, wenn ich nichts aus diesen Abenden gemacht hatte.

Der Maler betrachtete mich während der Zeit, in der ich mir die Zeichnung anschaute, schweigsam und nachdenklich.

Schließlich sah ich auf. „Das Bild ist... ich weiß nicht genau, wie ich es sagen soll, es ist so ... perfekt und treffend. Es berührt mich sehr." Ich wusste nicht, wie ich es anders ausdrücken sollte.

Er lächelte sehr warm und herzlich. „Ich habe Sie schon verstanden. Manches kann man nicht gut in Worte fassen. Malen ist mitunter viel einfacher."

„Es ist mir, als hätten Sie mich irgendwie durchschaut." Ich sah ihm fest in die Augen.

„Ich habe einen Bruchteil von Ihrer Seele gespürt, und was ich empfand, hat mir sehr gefallen." Er erhob sich und ging zu seinem Anorak. „Ich habe eine Flasche Wein mitgebracht, für den Fall, dass Sie mich nicht hinauswerfen."

„Und ich hab' ein Hähnchen im Backofen, falls Sie dableiben wollen."

Die Realität hatte uns wieder.

Später, nach dem Essen, zogen wir unsere dicken Jacken an und gingen im Schein von Taschenlampen durch die mit feinem Schnee bedeckten Dünen. Am Himmel waren wieder Wolkenlücken entstanden, einzelne Sterne blinkten auf uns herab.

„Es ist ein wunderbarer Heiligabend", sagte ich.

„Der schönste seit meiner Kindheit", erwiderte der Maler ernst.

Ich wollte ein wenig ablenken. „Ich habe heute zwei unglaublich schöne Geschenke bekommen. Ich glaube, für die Zeichnung habe ich mich nicht einmal bedankt."

„Und von wem ist das zweite Geschenk?", er fragte es, als sei etwas Eifersucht in der Stimme.

Mit der ausgestreckten Hand wies ich in die Richtung, aus der man die Brandung rauschen hörte. „Eigentlich habe ich es auch Ihnen zu verdanken, aber überreicht hat es mir schließlich die Nordsee."

„Bernstein", sagte er und lachte. „Sie haben wirklich etwas gefunden?"

„Es hat die ganze Zeit über auf dem Tisch gelegen, Sie haben es einfach übersehen."

„Ich glaube, diese ganze Zeit über hatte ich Augen für etwas anderes."

„Ja, das glaube ich auch", meinte ich trocken, aber mit einem sehr glücklichen Klang in der Stimme.

Bescheidene Geschenke

„Es gibt in diesem Jahr nicht so viele Geschenke zu Weihnachten", sagte der Vater beim Abendessen. „Alles ist teurer geworden, und ich weiß nicht, ob ich meinen Arbeitsplatz noch lange behalten werde. Wir müssen sparen."

„Das wird ein blödes Weihnachten", sagte Robby. Sein jüngerer Bruder Max stimmte ihm zu. „Ja, dann machen wir eben gar keine Weihnachten und fahren in den Europa-Park. Da gibt es wenigstens viel zu erleben."

Die kleine Julia, die noch in den Kindergarten ging, fing an zu weinen. „Ich will aber Weihnachten haben."

Die Eltern wechselten über den Tisch hinweg einen verzweifelten Blick. „Weihnachten hat eigentlich eine ganz andere Bedeutung und ist nicht nur das allgemeine Datum für eine Geschenkverteilungsaktion", sagte die Mutter. „Es ist ein Fest des Miteinander und der Liebe."

„Ja", stimmte der Vater zu, „und es können wunderschöne Festtage werden, auch wenn wir einander nicht viel schenken."

„Dann sind wir aber eine Ausnahme", behauptete Robby. „Alle anderen bekommen Unmengen, nur wir nicht. Und in der Schule muss ich mich schämen, wenn ich aufzähle, was ich an mickrigen Sachen bekommen habe."

Die Mutter wurde ärgerlich. „Ihr solltet erst einmal den wirklichen Sinn von Weihnachten begreifen lernen."

„Vielleicht hat Robby Recht." Der Vater machte ein nachdenkliches Gesicht. „Heutzutage sind Weihnachtsgeschenke fast schon ein Statussymbol. Und es ist traurig, dass dieser Unsinn bereits auf die Kinder übergreift. Aber ich habe eine Idee. Wir umgehen diese ganze Angelegenheit einfach und nehmen uns vor, in diesem Jahr nur etwas selbst Gebasteltes und selbst Angefertigtes zu verschenken. Wenn dann jemand in der Schule fragt, müsst ihr euch wegen dieser Abmachung nicht schämen. Im Gegenteil, es ist etwas Besonderes."

„Die Idee ist gut", sagte die Mutter.

„Glaub' ich nicht", behauptete Robby.

„Ich auch nicht", echote Max.

„Dann gibt es doch Weihnachten?", fragte Julia.

„Ja, mein Schatz, es gibt Weihnachten, und zwar ein ganz besonderes Weihnachten." Damit beendete die Mutter die Diskussion.

Robby und Max zogen sich in ihr Jugendzimmer zurück.
„Ist doch alles Keks. Etwas selbst Gebasteltes! Außerdem kann ich gar nichts selbst machen." Robby schob wütend einige Bücher auf dem Schreibtisch hin und her. „Mir fällt überhaupt nichts ein. Und was man dann als Geschenk bekommt, damit kann man überhaupt nichts anfangen. Gehäkelte Topflappen hat Tante Suse mal verschenkt, weißt du noch?"
„Nein", sagte Max. Er war noch zu klein gewesen, um sich nun an das Weihnachtsfest mit Tante Suse zu erinnern. „Aber ich wüsste schon was, mir ist gerade was eingefallen. Au ja, das ginge." Er machte ein verschmitztes Gesicht.
„Nun schlag dich bloß nicht auf die andere Seite", schimpfte Robby, „wir basteln einfach nichts, und fertig!"

Am selben Abend führten die Eltern ein langes Gespräch.
Und wie es in der Folgezeit schien, setzten sie die Überlegungen dieses Abends in die Tat um.

Drei Tage nach Nikolausabend reiste die Oma an, und bei ihr war ihr Lebensgefährte, der Onkel Hans. Die beiden wollten eine Woche lang die Familie besuchen, und die Oma freute sich riesig über das Wiedersehen mit den Enkelkindern.
Die drei Kinder mussten zusammenrücken. Klein-Julia zog für diese Zeit zu ihren Brüdern, Oma und Onkel Hans bewohnten ihr Zimmerchen.
„Was ich euch mitgebracht habe, ist noch nicht ganz fertig", sagte die Oma, „ihr bekommt es am Heiligen Abend."
„Was ist es denn?", fragte Robby.
Aber die Oma tat sehr geheimnisvoll. Ihnen allen wurde nichts verraten. Onkel Hans zog sich in Vaters Werkstatt im Keller zurück. Er hatte einen riesigen Koffer mit eigenem Werkzeug mitgebracht, aus dem es unter anderem sehr verräterisch nach frischem Holz roch. Aber auch er verriet nichts und schloss jedes Mal, wenn er fortging, die Tür der Werkstatt hinter sich ab.

Robby und Max hatten für Vaters Werkstatt nie etwas übrig. Es stand kein Computer darin, der ihr Interesse hätte wecken können; außerdem roch es hier nach Farbe und Schmieröl. Jetzt aber waren sie neugierig geworden. Sie hörten mitunter aus dem Keller Sägegeräusche und Hammerschläge, und sie hörten, wie Onkel Hans bei der Arbeit ein fröhliches Liedchen vor sich hin pfiff.

Max war der erste, der bei Onkel Hans in der Werkstatt auftauchte. Er hatte sich zum selbstzubastelnden Geschenk Gedanken gemacht, aber er traute sich nicht, Robby etwas davon zu erzählen. Robby würde sauer reagieren. Doch Onkel Hans konnte man ja mal fragen. Er klopfte an die Tür der Werkstatt. Es dauerte ein Weilchen, bis geöffnet wurde, zuvor hörte er Rumoren und Möbelrücken.

Onkel Hans hatte eine sehr geheimnisvolle Miene. „Du bist es, Max, das ist aber fein, dass du mich besuchst. Ich fertige gerade eine kleine Holzkommode an, ein Weihnachtsgeschenk für deine Eltern. Willst du sie sehen? Aber du darfst nichts verraten, Ehrenwort?"

„Klar, Ehrenwort", sagte Max. Er fühlte, dass er in ein Geheimnis hineingezogen wurde. Es war spannend. Neugierig schaute er sich um. Noch bestand die Kommode aus einfachen losen Brettern. Max war enttäuscht. Aber der Onkel erklärte ihm genau, was noch alles zu tun sei, um aus diesen Brettern ein hübsches Möbelstück herzustellen. Und Max konnte sich schließlich alles sehr gut vorstellen.

„Kann ich nicht auch so etwas machen?", fragte er.

Der Onkel sah ihn zweifelnd an. „Bist du deshalb gekommen? Du hattest doch bestimmt eine ganz andere Frage auf Lager."

Max fiel es wieder ein. „Ja, für Weihnachten, da kann ich doch einen Karton anmalen, mit einer Wiese und Blumen drauf oder so". Max sah den Onkel fragend an.

„Einen Karton? Meinst du vielleicht einen Schuhkarton oder so etwas ähnliches?"

„Ja, genau", sagte Max und strahlte.

Der Onkel überlegte. „Ich weiß etwas Besseres", meinte er schließlich. „Ich mache dir eine kleine Holzkiste, die ist viel stabiler und nützlicher, und die könntest du dann anmalen. Das machst du am besten hier im Keller, damit dich keiner dabei entdeckt. Es muss doch ein Geheimnis bleiben. Nun, wie wär's?"

„Das ist prima, das ist toll", jubelte Max. „Mama und Papa werden sich Weihnachten riesig freuen. Aber du darfst es auch keinem erzählen."

„Abgemacht, großes Indianer-Ehrenwort", sagte Onkel Hans.

An den folgenden Nachmittagen verschwand Max nun häufig im Keller. Sein rotes Gesicht und die glänzenden Augen ließen keinen Zweifel daran, mit welchem Eifer er bei der Sache war.

Robby wunderte sich, warum sich sein kleiner Bruder so oft im Keller aufhielt, aber er dachte nicht weiter darüber nach, denn er hatte ganz andere Dinge im Kopf. Seitdem einige strenge Frosttage den nahe gelegenen See hatten zufrieren lassen, war er in jeder freien Minute auf dem Eis zum Schlittschuhlaufen. Das „Theater" um Weihnachten, wie er sich ausdrückte, interessierte ihn nicht.

Julia hielt sich in den letzten Tagen viel bei Mutter und Oma auf. Mutter hatte jetzt mehr Zeit, weil Oma auch im Haushalt half. Die beiden erzählten Julia Weihnachtsgeschichten, handarbeiteten und bastelten dabei. Währenddessen malte Julia Bilder für alle Familienmitglieder. Wenn unerwartet jemand hereinkam, dann verschwand das Bild rasch unter dem Tisch. Es störte nicht sonderlich, dass dabei ein bisschen Farbe daneben ging. Julias Vorfreude auf das Fest wuchs mit jedem gemalten Bild.

Für einen Nachmittag war Weihnachtsbäckerei vorgesehen. Und an diesem Nachmittag begann es zu schneien. Nun war es erst recht gemütlich in der warmen Küche, in der es nach Zimt und Vanille und vielen anderen guten Zutaten duftete.

Draußen fielen die weißen Flocken. Mutter sang: „Leise rieselt der Schnee", und Julia lernte schnell den Text, damit sie mitsingen konnte. Aus dem Ofen wurden die Schweinchen aus Mürbeteig gezogen. Max kam gerade noch rechtzeitig, um mitzuhelfen, den Schweinchen Schokoladenohren anzumalen.

Als Robby heim kam, hatte er schlechte Laune. „Der blöde Schnee; jetzt schneit der ganze See zu. Mit dem Schlittschuhlaufen ist es vorerst aus."

„Es wird sowieso dunkel draußen", sagte die Mutter. „Außerdem wird es höchste Zeit für deine Hausaufgaben".

Robby stibitzte sich ein Zuckerschweinchen, stopfte es in den Mund und verschwand.

„Robby macht alles mies", kritisierte Julia. Max stimmte ihr darin zu.

Die Mutter wandte sich zweifelnd an die Oma: „Ich glaube, mit Robby können wir in diesem Jahr nicht rechnen. Er ist zu enttäuscht, dass es keine großartigen Geschenke gibt."

„Warte ab", meinte die Oma, „das Weihnachtsfieber erfasst jeden, den einen früher, den anderen später. Vorfreude ist ansteckend."

Am letzten Nachmittag vor der Abreise von Oma und Onkel Hans fuhren alle gemeinsam zum großen Weihnachtsmarkt in die Kreisstadt. „Weihnachtsmarkt", dies war ein Zauberwort für Julia, Max und Robby. Allein schon der weihnachtliche Duft nach gebrannten Mandeln, Honigkuchen, Räucherkerzen und Tannengrün regte die Festtagsstimmung an; dazu die Beleuchtung mit Lichterketten und natürlich die vielen, vielen Auslagen.

An einem Stand mit bunten Spanschachteln jubelte Max auf. Er zwickte Onkel Hans heimlich. „Meine selbst bemalte Kiste ist viel schöner", flüsterte er, und Onkel Hans nickte.

Robby war auf der Fahrt zur Kreisstadt erstaunlich still gewesen, nun ging er seine eigenen Wege. Lange stand er nachdenklich vor einem Fotogeschäft, bis er darin verschwand und schließlich mit einer leicht gefüllten Einkaufstüte wieder heraus kam. Was er in der Tüte hatte, wollte er den anderen Familienmitgliedern nicht zeigen. Oma zwinkerte ganz unauffällig den Eltern zu.

Als die Oma und Onkel Hans am Tag darauf abgefahren waren, richtete sich der Vater an den Feierabenden in der Werkstatt ein. Er kam nur noch zum Abendessen aus dem Keller.

„Ich bin fürchterlich neugierig, was er dort werkelt", sagte die Mutter, „aber bis zum Heiligen Abend werde ich mich noch gedulden müssen."

„Das wird spannend dieses Mal", sagte Robby. „Sonst wusste man immer, was man bekommt. Diesmal gibt es wirklich Überraschungen."

„Hast du denn auch was?", fragte Max.

„Klar", sagte Robby nur.

Julia zählte inzwischen an den Fingern ab, wie oft sie noch schlafen gehen müsse, bis Weihnachten sei.

Allzu lange dauerte es nun nicht mehr. Am letzten Abend vor dem großen Fest brachte der Waldbauer eine wunderschöne Fichte, die nun darauf wartete, zum Fest geschmückt zu werden.

Es war das erste Mal, dass am Heiligen Abend keine Langeweile beim Warten auf die Bescherung aufkam. Es gab ja auch noch viel zu tun. Die gebastelten Geschenke mussten liebevoll verpackt werden. Dies machte diesmal nicht die Verkäuferin im Geschäft, nein, in diesem Jahr musste sich jeder selbst etwas Originelles einfallen lassen.
Und dann begann das große Rätselraten:
„Mein Geschenk an Mama und Papa fängt mit *B* an", sagte Max.
„Ein *B* wie Butterdose, Bettdecke oder Blasinstrument?", fragte der Vater.
Robby brach in Gelächter aus. „Prima", sagte er, „Mama bekommt eine Blechtrompete".
Vom frühen Nachmittag an durfte das Wohnzimmer nur noch von den Eltern betreten werden. „Das Christkind hält jetzt Einzug", sagte die Mutter.
Julia bekam große Augen.
Nach einem leckeren Abendessen am festlich gedeckten Tisch war der feierliche Augenblick gekommen, in dem die Tür zum Weihnachtszimmer geöffnet wurde. Die Kerzen leuchteten am geschmückten Tannenbaum, unter dem Baum stand die Krippe mit den geschnitzten Figuren aus Holz. Vom großen Teller auf dem Tisch duftete es verlockend nach Orangen und Gebäck. Die Fichte verströmte einen feinen Harzgeruch; es roch förmlich nach Heiligabend in diesem behaglichen Zimmer.
Und dann standen dort die Geschenke. Max blinzelte aus den Augenwinkeln hinüber. Doch bevor die Überraschungen ausgepackt werden durften, las die Mutter die Weihnachtsgeschichte vor, die Geschichte von dem Jesuskind, das auf die Welt gekommen war, um den Menschen vor Augen zu führen, dass die Liebe der Menschen untereinander das schönste und höchste und einzig und allein wirklich erstrebenswerte Gut ist, und dass alle anderen Dinge im Leben, wie Reichtum und Ruhm, nichts dagegen bedeuten und sehr vergänglich sein können.

Der Vater stimmte das Lied „Kommet ihr Hirten" an, und alle, selbst Julia, sangen mit.

Nun ging es an das Verteilen der Geschenke. Die großen Dinge hatte die Mutter nur mit Stoff umhüllt. Max erahnte das von ihm so sehr gewünschte Fahrrad unter der Umhüllung und steuerte darauf zu. Es war ein altes Rad, aber der Vater hatte es liebevoll repariert und bunt angestrichen. Statt Klingel hatte es eine Hupe, und der Rückstrahler hatte die Form eines Katzenkopfs. Max brach in Begeisterungsrufe aus. Vergessen war das teure Sportrad, das auf der Wunschliste gestanden hatte. Solch ein Rad hatte sonst niemand; das hier war etwas ganz Besonderes.

An Robbys Platz stand ein großes Bücherregal, so, wie er es sich schon lange gewünscht hatte. Es hatte Fächer für seine Gesteinssammlung und Ablageböden für die CDs. Der Vater hatte es genau nach den Vorstellungen seines Sohnes zusammengebaut. Robby war sehr zufrieden.

Julia stand mit glänzenden Augen vor einem Puppenbett aus Holz. Es war grün angestrichen und mit roten Blümchen am Kopfende bemalt. Die kleinen Kopfkissen waren mit rotkariertem Stoff bezogen. Die beiden Puppen, die darin saßen, Julias eigene Puppen, hatten neue gestrickte Kleidchen und Mäntelchen an.

„Das Puppenbett war die geheimnisvolle Arbeit von Onkel Hans", sagte die Mutter lächelnd, „und die neuen Puppenkleidchen hat Oma gestrickt."

„Onkel Hans hat auch eine Überraschung für uns", sagte der Vater und zog die Mutter an der Hand hinaus ins Treppenhaus. Dort stand die Kommode, die Max ja schon im unfertigen Zustand kennen gelernt hatte.

„O, wie schön!", die Mutter war hellauf begeistert.

Dann packten die Kinder noch einige Kleinigkeiten aus, nützliche Dinge für die Schule wie Etuis, Schreibhefte, Bunt- und Faserstifte, Kladden mit unterschiedlichsten Mustern und vieles mehr.

Nun brachten die Kinder ihre Geschenke. Julia verteilte ihre selbst gemalten Bilder.

Selbst Robby ließ sich zu keinem spöttischen Kommentar hinreißen, als er sein Portrait bekam. „Sie hat bestimmt Talent", sagte er sogar.

Max war ganz aufgeregt, als er mit seiner bemalten Holzkiste ankam; er stolperte über den Teppich und wäre beinahe gefallen.
„Ich bin gerührt", sagte die Mutter, als sie das Geschenk auspackte.
„Das ist aber schön. Und das B vom Rätselraten steht doch bestimmt für *b*emalt?!"
In der Kiste hatte Max bunt angemalte Holzfiguren für seine Geschwister, alle einzeln verpackt und mit etwas missglückten Schleifchen versehen.
Robby kam zum Schluss mit seinen Überraschungen. An die Geschwister verteilte er kleine Tierchen aus Ton. „Die sind zwar gekauft", sagte er, „aber das Geld dafür habe ich bei Onkel Hans verdient. Ich war mehrmals für ihn im Baumarkt einkaufen."
Für die Eltern kam etwas zum Vorschein, das auf Robbys Ideenreichtum schließen ließ. Er hatte einen Familienkalender angefertigt; angefangen beim Hochzeitsbild der Eltern, dann ein Bild von ihm, anschließend Fotos von den kleinen Geschwistern sowie von Familienfeiern und Ausflügen. Die Eltern wussten nicht, was sie sagen sollten, so erfreut waren sie über ihren Ältesten.

Später am Abend, die beiden Kleinen waren schon zu Bett gebracht worden, saß Robby noch mit den Eltern im Weihnachtszimmer.
„Wisst ihr", sagte er, „es war ein richtig schöner Heiligabend. Zuerst habe ich gedacht, in diesem Jahr wird es überhaupt nichts mit dem Weihnachtsfest, aber dann habe ich festgestellt, dass das Aufregende und Schöne eigentlich war, darüber nachzudenken, ob und wie ihr euch wohl über mein Geschenk freuen würdet."
Eine Weile blieb es still im Raum, dann stand die Mutter auf, ging zu ihrem Ältesten und nahm ihn liebevoll in den Arm.
„Ich glaube", sagte sie, „jetzt hast du das Wesentliche des Weihnachtsfestes begriffen."

Mondnacht im Winter

Mond und tausend Sterne
funkeln in frostig-klarer Nacht,
sie haben Lichterschimmer
auf den dunklen Weg gebracht.
Es glitzert nun in eisigem Schnee
die winterliche Welt;
sie hat den wunderbaren Glanz
direkt vom Himmelszelt.

Auf grauen Zweigen, eisbeschwert,
die Schneekristalle blinken,
am Waldrand, dort zur Krippe hin,
Spuren tief im Schnee versinken.
Still ruht der sonst so muntere Bach
in der frostigen Nacht,
und an seines Ufers Rand
glänzt bizarrer Formen Pracht.

Unwirklich zu schauen ist's
über die Felder weit,
bis zum Tale, bis zum Dorf,
einsam liegt es, tief verschneit.
Aus Kaminen kräuselt Rauch,
freundlich warmes Licht
fällt aus kleinen Fenstern, bricht
auf in die Unendlichkeit.

Die vertauschten Wunschzettel

Vor noch gar nicht langer Zeit lebten in einem kleinen Dorf im Eggegebirge zwei gleichaltrige Jungen, die ganz dicke Freunde waren, auch wenn sie gegensätzlicher kaum hätten sein können.

Timmy, so hieß der eine, war überaus lebhaft und quirlig; er interessierte sich für viele Dinge und besonders für alles Technische und Neue. Er hatte aber nur selten die Ausdauer, etwas Angefangenes einmal zu Ende zu führen. Ruhig über Büchern zu sitzen war ihm ein Gräuel.

Tommy dagegen war viel geduldiger; er konnte sich stundenlang mit einer Bastelarbeit in der Werkstatt des Vaters beschäftigen, und besonders gern las er lustige oder spannende Bücher.

Die Elternhäuser der beiden standen nebeneinander. Timmys Elternhaus war allerdings viel feiner und vornehmer als das von Tommy, denn Timmys Vater verdiente bei einer großen Firma viel Geld. Timmy hatte ein teuer eingerichtetes Zimmer für sich allein, und ihm wurde fast jeder Wunsch erfüllt, zumindest, wenn es sich um Wünsche handelte, die mit Geld zu bezahlen waren.

Bei Tommys Familie war es anders. Hier gab es kein Geld im Überfluss, und ein erfüllter Wunsch bedeutete gleichzeitig den Verzicht auf etwas anderes.

Den beiden Jungen machte dieser Unterschied nichts aus. Sie gingen zusammen durch Dick und Dünn; Timmy mit seinem Ideenreichtum sann immer wieder neue Spiele aus, Tommy, der bedächtigere der beiden, hielt mitunter den etwas zu leichtsinnigen Timmy von gefährlichen Unternehmungen ab.

Tommy hatte aber auch noch eine ganz besondere Neigung. Gerne ging er in das nahebei gelegene Tierheim und spielte mit den dort abgegebenen heimatlosen Kätzchen. Ein niedliches kleines Kätzchen hatte er besonders in sein Herz geschlossen. Es hatte braunweiß getigertes Fell und wunderschöne grüne Augen. Wenn es einmal ausgewachsen ist, so hatte die Tierpflegerin gesagt, würde es ein stattlicher Kater sein. Tommy war überglücklich, als ihm erlaubt wurde, für den kleinen Kater den Namen auszusuchen. Er nannte ihn „Tiger", und er besuchte nun Tiger, so oft er konnte. Daheim hatte er schon einige Male einen Anlauf genommen und nachgefragt, ob er den Kater nicht für immer nach Hause mitbringen dürfe, aber die Mutter zögerte, denn ein Tier zu unterhalten kostet täglich Geld. Aber insgeheim hatten die Eltern schon beschlossen, Tommy diesen Wunsch zu Weihnachten zu erfüllen; sie wollten ihm nur noch nichts davon verraten. Tiger sollte eine Weihnachtsüberraschung werden.

Es waren nur noch wenige Wochen bis zum großen Fest.

Als die ersten Schneeflocken vom Himmel fielen und den kleinen Ort in winterliches Weiß hüllten, kam die richtige Vorfreude auf Weihnachten auf.

Timmy und Tommy dachten daran, dass es nun Zeit würde, den Weihnachtswunschzettel zu schreiben. Dazu wurde die Pause zwischen zwei Schulstunden genutzt. Tommy war schnell fertig, denn er hatte insgesamt nur fünf Wörter zu schreiben. In der ersten Zeile stand „Tolle Bücher", und die zweite Zeile wurde gefüllt mit drei Wörtern, nämlich „Tiger und Katzenhäuschen". Dieses „Tiger" war extra groß geschrieben und dreimal dick unterstrichen. Als der Unterricht begann, schob Tommy seinen Wunschzettel in das vor ihm liegende Arbeitsheft.

Timmy dagegen brauchte viel Zeit, denn seine Wunschliste war lang und reichte von ferngesteuerten Autos bis zu modernsten Computerspielen. Kein Wunder also, dass Timmy nicht rechtzeitig zum Unterricht fertig wurde. Aber er schrieb weiter, diesmal bewies er Ausdauer. Diese Beharrlichkeit fiel schließlich auch der Lehrerin auf, aber noch bevor sie sich Timmys Aktivitäten anschauen konnte, hatte Tommy schnell Timmys Zettel ergriffen und in sein eigenes Heft geschoben. Für den Rest der Stunde ruhten nun diese beiden unterschiedlichen Wunschzettel einträchtig nebeneinander.

Bei Schulschluss, die beiden Freunde hatten es sehr eilig, griff Timmy in Tommys Mappe und zog, wie er meinte, seinen Wunschzettel hervor und stopfte diesen achtlos in seine Jackentasche.

Nach einer ausgiebigen Schneeballschlacht kamen die beiden Freunde am Nachmittag heim. Beim Abendessen fragte Tommys Mutter, ob er schon seinen Brief an den Weihnachtsmann fertig hätte. Tommy, noch mit vollen Backen kauend, nickte und zeigte auf die Schultasche. Die Mutter holte den Wunschzettel hervor und zog sich damit ins Wohnzimmer zurück. Ungläubig starrte sie auf die ellenlange Wunschliste ihres Sohnes und wusste sofort, dass ein großer Teil dieser Wünsche unerfüllt bleiben würde. Sie wurde traurig. Was war nur mit ihrem Jungen los? Tommy war doch sonst nicht so unbescheiden. Und diesmal wünschte er sich nur technisches Spielzeug und nicht ein einziges Buch! Überhaupt – war nicht sein größter Wunsch der Kater Tiger gewesen?

Später am Abend, Tommy war schon zu Bett gegangen, saßen die Eltern noch zusammen und sprachen über den langen Wunschzettel. Es werden bestimmt die anderen Kinder gewesen sein, die Tommy dazu gebracht haben, sich so viel zu wünschen, sagten sie sich.

In Timmys Elternhaus dagegen war das Erstaunen ganz anderer Art. Die Mutter fand den Wunschzettel am Abend, als sie Timmys Kleidung durchsah. Sie stutzte zunächst, dann kam in ihr große Freude auf. Ihr Junge wünschte sich Bücher. Nun, davon sollte er zu Weihnachten ausreichend bekommen! Aber was war das nur mit diesem „Tiger"? Für Plüschtiere war Timmy doch schon zu groß. Sollte dies die Bezeichnung für ein Mountainbike sein oder verbarg sich dahinter ein Computerspiel?

Schon am nächsten Tag war sie in der Spielwarenabteilung eines großen Kaufhauses. „Tiger", sagte die Verkäuferin achselzuckend und wollte an den Zoo verweisen, aber dann fiel ihr doch etwas ein. Aus den alten Lagerbeständen kramte sie ein vor Jahren modern gewesenes Gesellschaftsspiel hervor. In dicken Buchstaben stand darauf: „Tiger, das unheimliche Dschungelspiel für die ganze Familie". Etwas zweifelnd sah Timmys Mutter auf die Spielverpackung. Ob das gemeint war? Es hatte so gar nichts mit Computern und elektronischem Spielzeug zu tun. Nun ja, ein Junge, der sich auf einmal Bücher wünscht, kann sich schließlich auch so etwas wünschen. Aber woher kam dieser Sinneswandel? Sie kaufte das Spiel und noch ein Dutzend der spannendsten und lehrreichsten Jugendbücher, die gerade auf dem Markt waren. Zufrieden trat sie den Heimweg an.

Weniger glücklich war Tommys Mutter. Sie ging am nächsten Tag gleich in mehrere Geschäfte, um sich ein Bild über die Wunschvorstellungen ihres Sohnes zu machen. Nur ein Bruchteil konnte erfüllt werden. Was tun? Sie beschloss, Tommy einmal näher zu befragen. Am Abend, kurz vor dem Schlafengehen, sprach sie ihn ganz behutsam auf seine Weihnachtswünsche an. Es werde wohl nicht alles erfüllt werden können, äußerte sie, denn manches sei einfach zu aufwendig. Tommy nickte, er meinte verstanden zu haben. Tiger würde also nicht ins Haus genommen werden. Ja, so war es also. Und irgendwann würde er sich im Tierheim von Tiger verabschieden müssen, wenn nämlich andere Leute kämen und Tiger mit nach Hause nehmen würden. Tommy kamen die Tränen, aber er sagte nichts dazu.

„Vielleicht können wir dir wenigstens einen Teil der Wünsche erfüllen, die du aufgeschrieben hast", versuchte die Mutter ihn zu trösten.

Tommy nickte, aber innerlich war er verzweifelt. Kein Tiger, kein Tiger, ging es ihm immer wieder durch den Kopf.

Inzwischen waren es nur noch wenige Tage bis Weihnachten. Tommy verbrachte viel Zeit im Tierheim. Er wollte sich um Tiger kümmern, solange es noch möglich war.

So war er nicht daheim, als sein Onkel Felix anrief und anfragte, welchen Wunsch er seinem Patenjungen in diesem Jahr zu Weihnachten erfüllen könne. Die Mutter schluckte mehrmals, schließlich holte sie den ellenlangen Wunschzettel herbei.

Onkel Felix hörte aufmerksam zu, dann lachte er laut. Dies wäre aber prima, meinte er, der Junge ginge mit der Zeit. Einen Teil der Wünsche könnte er sofort erfüllen, denn er arbeite schließlich in einem großen Technikunternehmen.

Zwei Tage später, Tommy war in der Schule, klingelte der Paketzusteller und brachte das riesige Paket von Onkel Felix. Es klingelte aber noch jemand an diesem Tage, diesmal war es die Tierpflegerin aus dem Tierheim. Sie wollte wissen, ob Tommys Familie den Kater Tiger ab Heiligabend wirklich als Haustier übernehmen würde.

Tommys Mutter zögerte. Sie wusste nicht recht, was sie sagen sollte. Schließlich hatte Tommy nichts mehr über Tiger gesagt.

So kehrte die Tierpflegerin mit einer ziemlich unbefriedigenden Antwort ins Tierheim zurück. Hier war inzwischen Tommy eingetroffen und beschäftigte sich wieder mit dem Kater. Die Tierpflegerin beobachtete die beiden eine Weile, dann dämmerte ihr allmählich, dass über den ganzen Weihnachtsvorbereitungen von Tommys

Eltern ein großes Missverständnis liegen müsse. Was hatte Tommys Mutter vorhin gesagt? Tommy habe neuerdings gänzlich andere Interessen und habe völlig andere Weihnachtswünsche geäußert. Dabei war Tommy in der letzten Zeit mehr im Tierheim als sonst. Der Tierpflegerin kam ein Gedanke; ein bisschen Weihnachtsmann spielen müsste schon erlaubt sein!

Der Heilige Abend war da. Die Zeit bis zur Bescherung verbrachten Timmy und Tommy zusammen, doch sie hatten recht unterschiedliche Gefühle.
Timmy war voller Vorfreude auf die nächsten Stunden und die Geschenke, die er unter dem Weihnachtsbaum finden würde. Er wusste, dass seine Eltern bisher immer auf seine Wünsche eingegangen waren. Tommy hatte am Vortag Abschied genommen von Tiger. Ob der Kater nach den Feiertagen noch im Tierheim sein würde?
Tommy stellte sich den kommenden Abend ganz schön anstrengend vor, denn er wollte den Eltern auf keinen Fall zeigen, wie traurig er in Wirklichkeit war. Sicherlich, er würde gute Bücher bekommen und hübsche, notwendige Dinge wie Anorak, Pullover und Schuhe. Aber all das war eben kein Tiger!
Draußen fiel der Schnee in dicken Flocken; die Dämmerung des Heiligabend setzte ein. Schweren Herzens verabschiedete sich Tommy von seinem Freund und ging heim.
Dann kam der Augenblick der großen Überraschung. Im festlich geschmückten Wohnzimmer brannten die Kerzen am Weihnachtsbaum.
Tommys Familie sang „Stille Nacht, heilige Nacht". Tommy starrte auf eine riesige Kiste, sie war an ihn adressiert. Die Eltern sahen ihren Jungen erwartungsvoll an. Nun öffne die Kiste schon, sagten ihre freudigen Augen. Tommy packte aus. Es war eine riesige Menge an elektronischem Spielzeug und an Computerspielen, sogar eine kleine Automatikkamera war dabei. Tommy schluckte. Mehr als „boh" konnte er nicht hervorbringen. Es war überwältigend. Dies waren zwar keine Bücher, doch es war mehr, so viel, viel mehr. Aber ... es war nichts Lebendiges, es war eben nicht Tiger. Kein Tiger und kein Katzenhäuschen! Tommys Augen brannten. Nur nicht den Eltern zeigen, wie traurig er in Wirklichkeit war!

Die Eltern sahen einander an. Sie spürten, dass mit ihrem Jungen irgend etwas nicht in Ordnung war.

Mitten in eine momentane Stille hinein bimmelte die Hausglocke. Nanu – wer konnte das sein? Der Vater ging zur Haustür und öffnete. Draußen im dicken Schneefall stand die Tierpflegerin und hielt ein wuscheliges Bündel in den Armen.

„Tiger!", schrie Tommy und flitzte hinzu. „Tiger, mein Tiger, ich freu' mich ja so!" Die Tierpflegerin überreichte ihm lächelnd den Kater. „Fröhliche Weihnachten", sagte sie.

Von diesem Augenblick an war es für Tommy der schönste Heiligabend, den er bisher erlebt hatte. Seine Augen glänzten. „Danke", sagte er, „danke, danke, danke!" Und Tiger begann, auf seinem Arm zu schnurren.

Die Eltern standen etwas ratlos daneben. Schon wollte der Vater mit „ja, aber" beginnen, da schaltete sich die Mutter ein. Ihr war auf einmal klar geworden, dass etwas völlig verkehrt gelaufen, aber noch nicht durchschaut worden war. Nun galt es, die Ursache dieses Missverständnisses herauszufinden. Als die Eltern, die Tierpflegerin und Tommy im Weihnachtszimmer bei Kaffee und Stollen zusammensaßen, klärte sich alles auf. Es war also gar nicht Tommys Wunschzettel gewesen, den die Mutter bei Tommy gefunden hatte.

Ja, aber welche Wünsche hatten nun Timmys Eltern ihrem Sohn Timmy erfüllt? Tommy lief es auf einmal siedend heiß über den Rücken. Hatten Timmys Eltern Tommys Wunschzettel erhalten?

Tommy hielt es nicht mehr länger im Weihnachtszimmer aus; er musste hinüberlaufen und schauen, welche Geschenke Timmy unter dem Weihnachtsbaum vorgefunden hatte. Er warf sich die Jacke über, huschte in die Schuhe und sauste los; Tiger flitzte hinterher.

Beim Nachbarhaus klingelte er Sturm. Timmys Vater öffnete die Tür und ließ den zappeligen Tommy, der vor Aufregung alles ein bisschen konfus durcheinander erzählte, erst einmal hinein in das weihnachtliche Wohnzimmer.

Timmy war dort und stand fassungslos vor einer großen Kiste mit Büchern. Auf dem Tisch lag ein Gesellschaftsspiel mit dem unmöglichen Namen „Tiger".

Jetzt endlich klärte sich auch hier alles auf. Nun konnte die Bescherung noch einmal beginnen. Timmy und Tommy waren nämlich wirklich echte Freunde und beschlossen kurzerhand, die Geschenke alle zusammenzutragen. Dann konnte sich jeder das aussuchen, was ihm am besten gefiel. Tommy bekam den größten Anteil an Büchern, Timmy erhielt viel von dem modernen Spielzeug. Und manches, so beschlossen sie, gehörte ihnen einfach gemeinsam. So waren alle restlos zufrieden, und sie verlebten einen glücklichen Heiligabend.

Das Spiel „Tiger" brachte die Familien einander viel näher.

An den Abenden der Weihnachtsfeiertage saßen sie gemütlich beisammen und spielten stundenlang dieses Gesellschaftsspiel, von dessen Existenz sie ohne die vertauschten Wunschzettel nie erfahren hätten.

Der wirkliche, der lebendige Tiger aber gehörte Tommy allein. Allerdings ließ er sich fürchterlich gerne von Timmy streicheln.

Der verschenkte Weihnachtsengel

Seitdem seine Frau gestorben war, lebte der Rentner Theodor Bach sehr zurückgezogen in seinem kleinen Haus am Waldrand. Im Sommer sah man ihn oft in seinem Garten arbeiten, und er hatte auch den schönsten und gepflegtesten Garten weit und breit.
„Er redet lieber mit den Blumen als mit uns", sagten einige Einwohner. „Er ist merkwürdig geworden", meinten andere.
Im Winter sah man Theodor Bach kaum. Er beschäftigte sich mit Holzschnitzarbeiten in einem kleinen geheizten Schuppen direkt hinter seinem Wohnhaus. Was er mit all den hübschen Holzgegenständen machte, die er im Verlaufe eines Winters anfertigte, davon erfuhren die Dorfbewohner nur wenig.
Theodor Bach aber wusste genau, wofür er in den Wintermonaten so unermüdlich war. Er spendete alles einem Kinderhilfswerk und freute sich, dass er in seinem fortgeschrittenen Alter noch dazu beitragen konnte, anderen zu helfen. Mit seiner Rente konnte er, wenn er weiterhin bescheiden blieb, recht gut auskommen. Mitunter fühlte er sich einsam, aber wenn er dann unter Menschen ging und an geselligen Veranstaltungen teilnahm, wurde ihm erst recht bewusst, wie sehr ihm seine Frau fehlte, die jeder wegen ihres fröhlichen und offenen Wesens geschätzt hatte. So blieb er lieber allein.

Es war an einem kalten Tag Mitte Dezember. Nach dem Wetterbericht sollte in den kommenden Stunden heftiger Schneefall einsetzen. Theodor Bach, der in seiner kleinen Werkstatt an einer Krippenfigur schnitzte, beschloss, für diesen Tag mit seiner Arbeit aufzuhören. In den vergangenen Tagen war in ihm immer wieder der Gedanke aufgekommen, er müsse einmal in den Kisten mit dem verpackten Weihnachtsschmuck nachschauen, die er nach dem letzten gemeinsamen Weihnachtsfest mit seiner Frau auf den Speicher gestellt und seitdem nicht mehr geöffnet hatte. Er erinnerte sich an einen Engel mit einem Kleid aus Brokat und Seidenstoff und einem lieblichen Gesichtchen aus Porzellan. Seine Frau hatte den Engel jedes Jahr am Heiligen Abend unter den Weihnachtsbaum gestellt.
Er stieg die schmale Stiege zum Dachboden hinauf und begann, unter den abgestellten Gegenständen, die sich im Laufe der Jahre

hier angesammelt hatten, nach den Kisten mit dem Weihnachtsschmuck zu suchen.

Schließlich fand er zwei Kartons, und als er sie öffnete, sah er die
bekannten und so vertrauten Dinge vor sich, die viele Jahre in der
Adventszeit und zu Weihnachten das Wohnzimmer geschmückt
hatten, den Nussknacker mit der schwarzen Fellmütze, daneben die
silbernen Baumkugeln, die Holzpyramide und die von ihm geschnitzten Krippenfiguren. Alles lag wohl geordnet, so, wie seine
Frau es seinerzeit verpackt hatte.

Theodor Bach überkam die Erinnerung an die vielen glücklichen
Weihnachtsfeste, die er mit seiner Frau gemeinsam verbracht hatte.
Es war ihm, als sei es gestern gewesen, dass sie gemeinsam die
Fichte im Wald ausgesucht und auf dem Schlitten nach Hause gezogen hatten. Und bei der Heimkehr war es heimelig und warm in
der Stube gewesen, und es hatte nach Vanille und Pfefferkuchen
gerochen.

„Vergangenheit", sagte er leise zu sich selbst. „Warum nur wühle
ich darin herum?"

Doch nun hatte er einmal das Werk begonnen, und so wendete er
sich dem weiteren Inhalt des Kartons zu. Der Weihnachtsengel mit
dem Porzellangesichtchen war jedoch nicht darunter. Auch in dem
anderen Karton, in dem sich noch Strohsterne und Lichterketten
befanden, war der Engel nicht zu finden. In einem Kästchen mit
Holzfiguren entdeckte er einen zugeklebten Briefumschlag.

Theodor Bach stutzte, dann zog er sein Taschenmesser aus der Ho-
sentasche und schlitzte den Brief fein säuberlich auf. In dem Um-
schlag befand sich ein mit der Handschrift seiner Frau beschriebe-
ner Briefbogen. Der Mann ließ alles andere liegen, stieg die Treppe
hinunter, ging ins Wohnzimmer und setzte sich in den großen Sessel in der Nähe vom Kachelofen.

Umständlich holte er die Brille hervor, dann strich er mehrmals mit
der Hand über das Papier. Schließlich begann er zu lesen:

Lieber Theo,
Du sträubst Dich innerlich gegen den Gedanken, dass ich nicht
*mehr lange bei Dir sein werde. Aber es nützt nichts, wenn der **eine***
Ruf ergeht, dann muss man ihm folgen.

Ich weiß, wenn Du diesen Karton aufmachen wirst, dann wird Advent sein; vielleicht sind es nur noch wenige Tage bis zum Fest. Ich bitte Dich aus ganzem Herzen, feiere Weihnachten nicht allein und in Trübsal. O, ich kenne Dich und weiß, wie Du Dich verhalten wirst, wenn ich für immer gegangen bin.
Theo, bitte, verschließe Dich in Deiner Trauer nicht völlig den anderen Menschen. Mache etwas Schönes aus der Dir verbleibenden Zeit.
Dass Du Dir etwas Nützliches vornehmen wirst, davon bin ich überzeugt, aber tue es gern, tue es mit Freude.
Und irgendwann, nach Gottes weisem Ratschluss, werden wir für immer beisammen sein.

In Liebe, Deine Lene.

P. S. Liebling, den Engel mit dem Gesichtchen aus Porzellan habe ich an eine Frau verschenkt, die ich sehr gemocht habe. Sie hat mir in den letzten Wochen im Krankenhaus oftmals geholfen und mir Trost gegeben. Ich hoffe, dass der seltsame Weg, den das Schicksal geht, auch bei Dir vorbei führt und der Engel zurückkommt, der einmal aus Zuneigung verschenkt wurde.

Theodor Bach blieb lange, fast regungslos in seinem Sessel sitzen. Als er sich schließlich erhob, war das Feuer im Kachelofen ausgegangen, draußen war es dunkel geworden. Schneeflocken tanzten vor dem Fenster. Er ging zur Garderobe, zog seinen Mantel über und stieg in die derben Winterstiefel. Er musste hinaus, er musste nachdenken.
Ein kalter Wind umfing ihn; Schnee wirbelte vor seinen Augen. Im Licht der Straßenlaterne konnte er erkennen, dass auf dem Gehweg vor ihm nur ein einziger Mensch seine Fußstapfen im Schnee hinterlassen hatte. Unwillkürlich folgte er diesen Spuren. Es waren kleine Tritte, aber sicherlich waren sie größer, als Kinderfüße sie hinterlassen hätten. Bald war sein Mantel über und über von Schnee bestäubt.
Er näherte sich dem kleinen, tief verschneiten Friedhof. Im Schein einer Laterne sah er eine zarte Gestalt vor einem der Gräber stehen.

Ganz still stand sie dort, die Hände in den Manteltaschen vergraben. Theodor Bach suchte mit den Augen einen anderen Grabstein; diesen und seine Inschrift kannte er nur allzu gut. An dieser Stelle hatte er schon viele Stunden verbracht, und irgendwann würde auch er dort zur letzten Ruhe gebettet werden.

„Lene", sagte er leise, „ach, Lene."

Die zarte Gestalt wendete sich nun vom Grab ab und ging dem Ausgang zu. Es war eine kleine, ältere Frau. Ihr Gesicht, so konnte Theo Bach im schwachen Licht erkennen, war weder von Trauer gezeichnet noch von Enttäuschung. Eine stille Schicksalsergebenheit lag auf ihrem feinen Gesicht.

Am Friedhofstor trafen sich die beiden. Nach einem gegenseitigen Gruß suchten sich die Augenpaare, in denen die stumme Frage stand, was der andere um diese Zeit hier noch zu tun habe. Und es war ein Erkennen, dass beide das gleiche Empfinden hierher getrieben hatte.

„Mein Mann ist vor vier Jahren gestorben", sagte die zierliche Frau leise. „Wir waren fast fünfzig Jahre verheiratet."

„Meine Frau liegt hier schon seit fast drei Jahren." Theodor Bach schaute über die anderen Gräber hinweg zu einer bestimmten Gruft.

„Man kommt nicht darüber hinweg", die Frau strich sich über die Augen.

„Ja", nickte er, „es ist, als sei es erst gestern gewesen."

Sie standen im Schneefall, zwei Menschen, die das Schicksal von ihren Lebensgefährten getrennt hatte.

„Trotzdem sollten Sie jetzt heimgehen", meinte Theodor Bach. „Eine Erkältung hat man sich schnell geholt, aber man wird sie schlecht wieder los bei diesem Wetter."

„Ja", pflichtete ihm die zierliche Frau bei, „aber eine Tasse mit heißem Tee wirkt manchmal Wunder. Es muss ein kräftiger Kräutertee sein."

„Ich glaube, so etwas habe ich gar nicht im Haus, früher, als meine Frau noch lebte ...", in Theodor Bach wurde die Erinnerung übermächtig.

„Wohnen Sie auch hier im Ort?", fragte die Frau. „Ich habe Sie noch gar nicht gesehen."

„Doch", Theodor Bach zeigte zum Waldrand, „dort oben in dem

kleinen Haus mit dem großen Schuppen."

„Wenn Sie nichts anderes vorhaben", meinte die Frau, „lade ich Sie zu einer Tasse Kräutertee mit Honig ein. Ich habe auch noch etwas Cognac und Likör im Haus. Das wärmt auf."

„Ja, das täte ganz gut". Theodor Bach sagte es nicht mit voller Überzeugung, aber er war froh, seine Einsamkeit, die ihn an diesem Tage daheim überwältigt hatte, noch ein wenig hinauszögern zu können.

Gemeinsam stapften sie durch den Schnee zu einem kleinen Zweifamilienhaus.

„Ich wohne oben." Die Frau zeigte auf zwei kleine Fenster im ersten Stock.

Die Wohnung war bescheiden, aber sehr behaglich eingerichtet. Nur kalt war es; es roch etwas nach Holz und Kohlenasche.

„Das Feuer ist ausgegangen", seufzte sie auf, „das tut mir leid".

„Das macht nichts." Theodor Bach war erleichtert, nicht müßig herumstehen zu müssen. „Wissen Sie, ich bringe es wieder in Gang, während Sie den Tee zubereiten."

Nicht lange danach knisterte ein behagliches Feuer im Ofen, auf dem Tisch stand die dampfende Teekanne. Kerzenlicht zauberte weihnachtliches Licht in das kleine Wohnzimmer.

Nur wenig hatten sich die beiden an diesem Abend zu sagen, aber jeder von ihnen spürte, dass er nicht allein war mit seinem Kummer und seiner Einsamkeit. Es war, als wäre es leichter geworden, seinen eigenen Gedanken nachzugehen bei einem Gegenüber, das ähnliche Gedanken teilte.

„Sind Sie oft allein"?, fragte Theodor Bach.

„Ja, meistens", die Frau nickte. Inzwischen hatte sie sich vorgestellt. „Ich bin Bertha Sand."

Theodor Bach hatte den Namen schon am Klingelschild gelesen.

„Wenn Sie Heiligabend auch allein sind", meinte er und dachte an den Brief von seiner Frau, „dann könnten wir doch gemeinsam Kaffee trinken. Was halten Sie davon?"

„Ja", erwiderte Bertha Sand, „das wäre schön, ich werde kommen. Ich bringe einen selbstgebackenen Christstollen mit. Hoffentlich gelingt er mir, ich habe seit Jahren keinen mehr gebacken."

Und ich habe seit Jahren keinen Weihnachtsbaum mehr geschmückt, dachte Theodor Bach, während er durch den nachlassenden Schneefall nach Hause ging.

In den nächsten Tagen hatte er allerlei zu tun. Er hielt Weihnachtshausputz, besorgte ein kleines Tannenbäumchen und holte den Christbaumschmuck herbei. Er kaufte Lebensmittel für das Fest ein, und schließlich suchte er in seiner Werkstatt eine hübsche Laubsägearbeit aus, die er in Weihnachtspapier einwickelte. Den Brief von seiner Frau trug er immer bei sich.

Die ganze Woche über fiel immer wieder Schnee. Es war Weihnachtswetter.

Bei einsetzender Dämmerung des 24. Dezember klopfte es an seine Tür. Dort stand Bertha Sand, dick eingehüllt in Mantel, Mütze, Schal und Handschuhe. An der Hand trug sie eine große Tasche.

In der Küche packte sie aus, Christstollen, Spritzgebackenes, Honigkuchen, Lebkuchen und Printen kamen zum Vorschein.

Sie lächelte entschuldigend. „Ich hatte auf einmal wieder Spaß daran, für das Fest zu backen. Jetzt müssen wir uns da durchessen."

„Im Laufe des Winters werden wir es schon schaffen." Theodor Bach klang ganz zuversichtlich.

Nach dem Kaffeetrinken gingen sie hinüber ins Wohnzimmer. Festlich leuchteten die Kerzen am kleinen Weihnachtsbaum.

„Ich habe mich geirrt" – Bertha Sand schaute sich im Weihnachtszimmer um – „ich hätte nicht gedacht, hier einen Weihnachtsbaum vorzufinden. Er ist wunderschön. Ich habe etwas eingepackt, um ein bisschen Weihnachtsstimmung mitzubringen. Nun können wir es unter den Baum stellen."

In ihrer Tasche war ein Päckchen übrig geblieben. Dieses holte sie nun hervor und wickelte es aus. Es war ein Engel mit einem wunderschönen Gesichtchen aus Porzellan.

Theodor Bach blickte auf das ihm so vertraute Engelsfigürchen und konnte zunächst kein Wort hervorbringen.

„Den Engel hat mir eine Frau vor Jahren geschenkt", sagte Bertha Sand, „ich hatte ihr im Krankenhaus zur Seite gestanden, als es ihr sehr schlecht ging. Wir haben uns unterhalten über das Leben und seinen Sinn, über den Tod und den Glauben an Gott. Am Wochenende durfte sie noch einmal heim, dann hatte sie diesen Engel mitgebracht."

Theodor Bachs Stimme war belegt, als er sagte: „Mitunter kehren Weihnachtsengel zurück, wenn sie aus Liebe und Zuneigung verschenkt werden."

Und er holte das Päckchen mit der Laubsägearbeit herbei.

„Frohe Weihnachten", sagte er und musste dabei schlucken und lächeln zugleich.

Vergessenes Dorf

Das Dorf, dort im Tal, ist vergessen, verschneit.
Seine Häuser, geduckt und bescheiden,
gehören schon längst zur vergangenen Zeit,
die Bewohner wird niemand beneiden.

Halb zerfall'n sind die Dächer, die Scheunen stehn leer,
durch die Ritzen dringt klagend der Wind.
Brüch'ge Mauern tragen die Balken schwer,
längst verlassen manch' Wohnstätten sind.

Der Bach nur, er murmelt eintönig manch Wort
wie schon viel hundert Jahre zuvor,
als noch fröhliches Leben und Treiben am Ort,
das sich mehr und mehr dann verlor.

Verstummt ist das Mühlrad, verrostet der Pflug,
zu Ehren sie nimmer gelangen.
Verbogen die Sichel, in Scherben der Krug,
vergessen das Lied, das sie sangen.

Nur hier und da schwach ein Lichtschein fällt
aus den Fenstern in die Dämmerung hinaus.
Dort lebst du noch, du vergangene Welt,
doch bald löscht das letzte Licht aus.

Das Dorf, dort im Tal, es ist eingeschneit,
und Frost klirrt auf allen Wegen.
Still stehen die Bäume im Winterkleid,
sie harren dem Frühling entgegen.

Das Jahrtausend- Steinmännlein

Geschrieben für den Ort Bad Driburg-Siebenstern zur Feier der Jahrtausendwende

Einst, vor vielen, vielen Jahren lebte in einem Walddorf am Eggegebirge ein armer Glasmacher. Er war redlich und fleißig und fertigte wunderschöne Gegenstände aus Glas. Trotzdem brachte er es nicht zu Wohlstand, denn die Glashändler wussten seine Kunst nicht so recht zu schätzen. Sie wollten lieber etwas haben, das einfacher war in der Herstellung, grellere Farben hatte und einen großen Käuferkreis ansprach.

Eines Abends, es war tiefer Winter und bitterkalt, ging der Glasmacher von einem Händler, bei dem er vergebens um Aufträge gebeten hatte, sorgenvoll durch die tiefverschneiten Wälder seinem Heimatdorf zu.

„Ach", seufzte er gedankenversunken vor sich hin, „wenn es meiner Familie und mir doch nur ein bisschen besser ginge. Was ich heute an wenigen Talern und Essbarem mit nach Hause bringe, reicht nur für eine Woche, und darin steckt doch die Arbeit von einem ganzen Monat. Wie soll es nur weitergehen?"

Plötzlich sah er im Schein seiner Laterne winzige Fußtapfen im Schnee. „Wer das wohl sein mag", wunderte er sich. Neugierig folgte er ihnen nach bis zu einem Dickicht. Dort hörten die Spuren auf einmal auf - aber was sah der Glasmacher stattdessen? Auf einem uralten, verwitterten Stein am Rande des dichten, verschneiten Gestrüpps stand ein kleines, kleines Männchen mit einem freundlichen Gesichtchen und großen Ohren und schaute ihn lächelnd an.

„Ich bin das Steinmännlein", begann der kleine Wicht zu sprechen. „Ich kenne dich und ich kenne auch die anderen Dorfbewohner, und ich kenne auch viele Bewohner von anderen Städten und Ländern. Auch wenn ihr Menschen mich noch nie gesehen habt, so weile ich mitunter unter euch und beobachte euer Treiben. Du bist ein ehrlicher, braver Mann und allezeit tüchtig und hilfsbereit. Die Tiere des Waldes und die Bäume und Blumen lieben dich, denn du bist immer bereit, sie zu schützen, und du nimmst von ihnen nur, was du selbst unbedingt zum Leben brauchst. Heute ist eine besondere Nacht wie nur alle eintausend Jahre einmal, es ist die Jahrtausendnacht, in der die Menschen mich sehen und mit mir reden können, und ich habe deinen Jammer gehört und möchte dir deinen Herzenswunsch erfüllen. Du sollst ein ganz besonderes Geschenk von mir erhalten. Schau auf zum Himmel, dort oben ist das Siebengestirn; ich hole es dir herbei und du presst es in das schönste Glas, das du noch in dieser Nacht anfertigen wirst. Damit wirst du dein Glück machen."

Der Glasmacher schaute hinauf zu dem glitzernden Firmament, wo ganz deutlich das Siebengestirn blinkte. Auf einmal sah er einen großen hellen Lichtstrahl vom Himmel zur Erde niedersteigen, und auf diesem eilte das Steinmännlein hinauf, nahm das Siebengestirn und hielt die funkelnden und glitzernden Sterne in seiner Hand. Der Lichtstrahl verblasste wieder.

Das alles war so schnell gegangen, dass der Glasmacher dachte, er hätte einen kurzen, blitzartigen Traum gehabt. Aber dann überreichte das Steinmännlein ihm diese wundersame Gabe und sagte:

„Bewahre sie wohl, du und deine Nachkommen werdet in Wohlstand leben, wenn ihr immer ehrlich, fleißig und rechtschaffen bleibt." Mit diesen Worten verschwand das Männchen in dem uralten, verwitterten Stein und wurde lange, lange nicht mehr gesehen.

Der Glasmacher aber ging nach Hause, erzählte seiner Familie von der wundersamen Begegnung, fertigte noch in derselben Nacht herrliche Glaswaren an und presste das Siebengestirn in das schönste Kunstwerk, das er je geschaffen hatte. Aber siehe da, in allen anderen Gläsern funkelten auch die sieben Sterne und verbreiteten ein warmes Licht, das die ganze Umgebung sanft erhellte.

Dieses Glas wurde rasch in der ganzen Welt berühmt, und es gab eine große Nachfrage nach diesen wunderschönen Kunstschätzen.

Viele Jahre vergingen; die Bewohner des Dorfes, man nannte es inzwischen überall nur noch „Siebenstern", waren durch den Verkauf des Glases wohlhabend geworden. Aber sie hielten sich auch an das Versprechen, das einstmals ihr Vorfahr einem kleinen Männlein gegeben hatte, nämlich ehrlich, fleißig und rechtschaffen zu sein.

Inzwischen ging es in der Welt immer turbulenter zu. Überall wurden große Fabriken gebaut; Flugzeuge, Autos, Eisenbahnen und riesige Schiffe transportierten die Menschen und Waren in rasendem Tempo von einem Ort zum anderen. Nichts war mehr besinnlich und ruhig, alles war hektisch und laut geworden. Große Teile der dichten Wälder wurden abgeholzt und riesige Werksanlagen gebaut.

Auch vor dem Glasmacherdorf Siebenstern machte diese moderne Lebensweise keinen Halt. Viele Werte und Wertbegriffe, die früher einmal Gültigkeit besaßen, galten als überholt und unmodern, und wen wundert es da, wenn auch die über viele Generationen überlieferte Geschichte mit dem Steinmännchen bei den meisten in Vergessenheit geriet.

Es kam der Tag der Jahrtausendwende. Überall in der Welt sollte gefeiert werden; Feuerwerkskörper und Raketen, die um Mitternacht den Himmel erhellen sollten, wurden in Massen hergestellt. Wein und Sekt und viele Leckereien wurden in Mengen verkauft wie noch nie zuvor.

Auch die Bewohner von Siebenstern wollten dieses Ereignis feiern und überlegten, was man Besonderes dazu beitragen könnte. Schließlich kam jemand auf die Idee, in der Jahrtausendnacht drei Eichen zu pflanzen und einen Gedenkstein dazu aufzustellen.

„Die Eichen sollen für unsere Nachwelt sein", sagten die Siebensterner, „wenn sie groß und stark und uralt werden, dann haben unsere Nachkommen sie liebevoll gepflegt und an die Natur und den Schutz der Natur gedacht ... trotz all der modernen Technik, die die jungen Leute heutzutage im Kopf haben".

Die Jahrtausendnacht nahte heran; nur noch wenige Stunden, dann war es so weit. Der Gedenkstein war bereits im kleinen Park aufgestellt worden und lag dort verhüllt bis zur Mitternachtsfeier. Daneben lagen die Eichbäumchen; um Mitternacht sollte der erste Spatenstich getan werden, um die Stämmchen an ihrem endgültigen Bestimmungsort einzupflanzen.

In den späten Abendstunden fing es an zu schneien. Dicke weiße Flocken fielen vom Himmel und hüllten die Welt in einen weichen, weißen Mantel. Die Turmuhr schlug ein Viertel vor zwölf. Die Bewohner Siebensterns kamen aus ihren Häusern und versammelten sich, alle in froher Feierstimmung, um den Gedenkstein herum. Der Bürgermeister hielt eine kleine Rede und die Leute klatschten begeistert, denn es war eine gute Rede mit einem Trinkspruch auf das nächste Jahrtausend. Nun wurde die Verhüllung vom Stein genommen. Und dann schlug es Mitternacht.

„Prosit Neujahr", wollten die Bewohner von Siebenstern rufen, aber dann blieb ihnen das Wort in der Kehle stecken. Alle starrten auf den Gedenkstein, der auf einmal wie von innen her zu leuchten begann ... und auf dem Stein sah man ein kleines, kleines Männchen stehen; es hatte ein freundliches Gesichtchen und auffallend große Ohren.

„Das Steinmännlein", sagte ein alter Mann, der zuerst die Sprache wiederfand und dem die Geschichte mit dem zu Wohlstand gekommenen Glasmacher einfiel, „das Steinmännlein ist wieder da."

Das Steinmännchen – ein Raunen ging durch die Versammlung der Dorfbewohner, und viele erinnerten sich auf einmal wieder an die alte Überlieferung, die ihnen als Kindern erzählt worden war.

„Ja, ich bin das Steinmännlein", fing der kleine Wicht zu sprechen an, „seid nicht so erstaunt oder erschreckt, dass ich hier stehe. Glückskinder seid ihr, dass ihr mich sehen und mit mir sprechen dürft, denn nur alle tausend Jahre einmal, in der Jahrtausendnacht, können wir Steinmännlein uns den Menschen zeigen und dürfen ihnen einen Wunsch gewähren oder eine Frage beantworten. Vor eintausend Jahren habe ich eurem Ururvorfahren den sehnlichsten Wunsch erfüllt, den er hatte, nämlich aus seiner unverschuldeten Not herauszukommen. Redlichkeit und Ehrlichkeit waren die Voraussetzung zum Weiterbestand von Wohlstand und Glück. Ihr habt dies eingehalten" – er machte eine kleine Pause und fügte dann hinzu – „weitgehend jedenfalls. Nun sind tausend Jahre um und ich gewähre euch abermals eine Bitte. Überlegt wohl, was ihr euch wünscht oder mich fragt."

Während sich die meisten Anwesenden noch ganz erstaunt ansahen oder sich die Augen rieben, um festzustellen, ob sie wachten oder träumten, trat ein vorwitziger jüngerer Bewohner vor und rief dem Männlein zu:

„Wer bist du überhaupt und woher kommst du? Ich sehe nur einen kleinen lächerlichen Kobold auf einem Stein sitzen."

146

Das Steinmännlein schien trotz dieser Frage überhaupt nicht beleidigt zu sein, aber es sah den Fragesteller lange und nachdenklich an und sagte schließlich:

„Oh weh, oh, weh, eine Antwort wollte ich euch auf eine Frage gewähren. Du törichter Bursche, so hast du nun alles verdorben. Ist es denn so wichtig für euch Menschen zu wissen, wo wir Steinmännlein herkommen? Nun, ich werde euch die Antwort geben. Wir Männlein sind so alt wie das älteste Gestein auf dieser Erde; wir sind die Seele der Mutter Erde und ihre ersten Kinder. Wir wachen seit Anbeginn darüber, dass die Welt erhalten bleibt und nicht mutwillig oder aus Eigennutz zerstört wird. Wir lebten schon, als hier – wo heute Land ist – noch Meer war, und wir kannten die Bewohner der Erde von Anfang an. Aber die riesigen Saurier und die stärksten Bären haben uns nicht solche Sorgen bereitet wie die Menschen, die der Mutter Erde für die Befriedigung ihrer Habgier die Seele ausreißen würden. Doch wenn wir gute Menschen finden, die für ihre Lieben Sorge tragen, rechtschaffen sind und die Natur lieben, freuen wir uns und begleiten diese Menschen durch ihr Leben und versuchen, Böses von ihnen abzuwenden." Das Männlein hielt einen Augenblick inne, dann sagte es leise und ein bisschen traurig: „Nun muss ich fort, denn was ich euch gewährt habe, habt ihr bekommen."

„Liebes, liebes Steinmännlein", rief da der Bürgermeister, der sich als erster wieder besonnen hatte, „bitte, habe Erbarmen mit uns. Nicht alle von uns wollten diese Frage gestellt wissen, bitte, gewähre uns noch einmal die Möglichkeit, über eine andere Frage oder einen Wunsch nachzudenken."

Das Männlein schüttelte bedenklich seinen Kopf, aber dann sagte es: „Gut, ihr dürft noch einmal eine Frage oder eine Bitte vorbringen, aber wenn euer Anliegen töricht sein sollte, so werde ich nicht darauf antworten, und einen dummen Wunsch werde ich auch nicht erfüllen. Ist es jedoch etwas Gutes, das ihr wünscht, so will ich es euch gewähren."

Es ging eine große Erleichterung durch die Siebensterner Bürger. Nun wurden die Köpfe zusammengesteckt und eifrig beraten, welcher Wunsch der klügste sei. Gesundheit, Reichtum, langes Leben, sichere Arbeitsplätze, Glück oder nur Zufriedenheit ... alles, alles wurde beratschlagt.

Das Männlein wurde inzwischen ungeduldig. „Meine Zeit drängt", sagte es, „ich muss bald fort".

„Nein", rief da ganz plötzlich ein kleines Mädchen aus der Gemeinschaft heraus, „nein, nein, Männlein, bleibe hier, bleibe hier und geh´ nicht weg!" Und damit war der Wunsch ausgesprochen.

Alle Augen richteten sich nun auf das Männchen, das wegen dieses Wunsches aber gar nicht grimmig, sondern fröhlich zwinkernd dreinschaute und dann zufrieden nickte.

„Ja, es ist gut", sagte es. „Es ist ein guter Wunsch. Ich bleibe bei euch, und ich werde euch beschützen, wenn ihr euch bemüht, gute Menschen zu bleiben. Dieser Stein wird von nun an mein Zuhause sein, mitten im Herzen eures Dorfes. Und wenn ich erkenne, dass irgendwo Unrecht geschieht oder Lügen verbreitet werden, dann komme ich in der Nacht und klopfe sacht an die Tür. Und wenn ihr mich hört, so schlägt euch das Gewissen und ihr werdet wieder auf den rechten Weg zurück finden."

Die Turmuhr schlug eine halbe Stunde nach Mitternacht. Das Licht, das aus dem Stein zu glühen schien, verblasste allmählich. Das Männlein war verschwunden. Auf dem Stein lag wieder ein Häubchen von Schnee, so, als sei nie etwas anderes da gewesen.

„Eine merkwürdige Nacht", sagten die Bewohner von Siebenstern, als sie die Eichen einpflanzten, Sekt tranken und sich dazu gratulierten, dass sie den Sprung in das neue Jahrtausend geschafft hatten. „Aber wir können nun frohgemut in die Zukunft blicken, denn das Steinmännlein wohnt jetzt bei uns und beschützt uns."

Nicht nur am Heiligabend

1.

Weihnachten, Silvester und der Neujahrstag waren vorüber. Der festliche Schmuck verschwand nach und nach aus den Geschäften, Straßen und Wohnungen. Es wurde wieder nüchtern und geschäftsmäßig in der Stadt.

Es war an einem kalten, windigen Tag Ende Januar; graue Wolken trieben am Himmel und einzelne Schneeflocken fielen. An der Haltestelle am Marktplatz stieg langsam und ein wenig unbeholfen eine ältere, gepflegt gekleidete Frau aus einem der Busse. Sie schaute sich suchend um, schien aber nicht denjenigen zu entdecken, mit dem sie offensichtlich verabredet war. Sie blieb eine Weile stehen, dann nahm sie das Handköfferchen, das sie in der Zwischenzeit neben sich abgestellt hatte, und überquerte die Straße diagonal in Richtung eines kleinen und sehr seriös wirkenden Juweliergeschäfts. Vor dem Schaufenster verharrte sie nochmals einige Minuten, dann betrat sie auffällig langsam das Geschäft.

Eine altmodische Ladenglocke ertönte, und wenige Augenblicke später kam eine der Angestellten herbeigeeilt. Die Verkäuferin konnte gerade noch beobachten, wie die Kundin auf einem der zwei in einer Nische stehenden Stühle zusammenbrach. Hilfsbereit ging sie auf die ältere Dame zu.

Doch die Frau wehrte ab. „Es geht schon wieder besser", brachte sie leise hervor, „ich bin erst vor drei Stunden aus dem Krankenhaus entlassen worden. Die Besorgungen, die ich machen musste, und die Eindrücke vom heutigen Tag sind ein bisschen viel gewesen. Wenn ich noch ein wenig hier ausruhen könnte?"

„Selbstverständlich, das ist doch gar keine Frage", erwiderte die Angestellte höflich. „Erholen Sie sich zunächst einmal."

Inzwischen hatte ein weiterer Kunde das Geschäft betreten, er fragte nach einer reparierten Armbanduhr. Die ältere Dame schaute zu ihm hinüber. Irgendwie kam ihr dieser Mann bekannt vor, aber sie konnte sich nicht erinnern, wann und wo sie ihn schon gesehen hatte. Er mochte um die fünfzig sein, war mittelgroß und hatte ein auffallend schmales Gesicht.

Die Frau seufzte auf, es klang erschöpft und müde und mit einem kleinen Unterton, der Enttäuschung verriet. Der Mann, der bislang von dem Geschehen um ihn herum keine Notiz genommen hatte, horchte auf und drehte sich zu der Nische um, in der die ältere Dame saß. Er sah in ein blasses, etwas umschattetes Gesicht eines Menschen, der offensichtlich Hilfe bedurfte.

„Geht es Ihnen nicht gut?", fragte er in ernstem, sachlichem Ton.

„Es wird schon wieder besser", erwiderte sie, „aber ich fürchte, allein werde ich heute den Heimweg nicht schaffen. Ich bin mit meinem Sohn verabredet, ich hoffe, er wird bald kommen." Schweißtropfen traten ihr auf die Stirn, verzweifelt hielt sie sich am Stuhl fest.

Der Mann wandte sich an die Angestellte, die in den Verkaufsraum zurückkam. „Ich bin Arzt. Wir müssen uns umgehend um die Dame hier kümmern. Haben Sie einen Nebenraum, wo ich sie untersuchen und eine erste Diagnose stellen kann? Eventuell müssten wir dann einen Krankentransport anfordern."

Die Verkäuferin nickte freundlich, aber sie schien ein wenig irritiert. „Natürlich, wir haben einen kleinen Aufenthaltsraum für das Personal."

Gemeinsam gelang es ihnen, die Frau aufzurichten und in den Nebenraum zu führen. Das Zimmerchen lag zur Hofseite. Es war mit alten Plüschsesseln, einem Sofa und einem niedrigen Holztisch ausgestattet. An der Stirnwand befand sich ein Regal mit Wasserkocher und Kaffeeautomat. Das Erstaunlichste jedoch war ein kleiner, mit silbernen Kugeln geschmückter Weihnachtsbaum, an dem elektrische Kerzen brannten. Der Baum stand in der Nähe des Fensters und verdeckte den Blick auf die Nachbarhäuser und einen alten Schuppen.

Die Verkäuferin schaute verlegen zur Seite. „Es ist hier so trist im Winter, wir lassen das Bäumchen immer so lange wie möglich stehen. Es wirkt um diese Zeit schon ein bisschen seltsam."

Der Arzt zuckte die Schultern. „Das kann doch jeder halten, wie er will. Sie müssen sich nicht entschuldigen."

Vorsichtig ließen sie die ältere Dame auf dem Sofa nieder. Der Arzt untersuchte sie sorgfältig, soweit er ohne medizinische Hilfsmittel eine Untersuchung vornehmen konnte.

„Eine Herzschwäche", sagte er schließlich, vorsichtig abwägend. „Wir sollten sie umgehend zu ihrem Hausarzt oder in ein Krankenhaus bringen."

Die ältere Dame hatte die gesamte Situation stillschweigend hingenommen, aber man sah ihr an, dass es ihr peinlich erschien, fremden, ihr unbekannten Menschen auf diese Weise zur Last zu fallen.

„Ich komme gerade aus dem Hospital", antwortete sie, „vor einigen Stunden hat man mich dort entlassen."

„In welchem Krankenhaus waren Sie denn?", wollte der Arzt wissen.

„In der Städtischen Klinik auf der Station 4, aber zuvor war ich in der Universitätsklinik. Ich bin Weihnachten als Notfall dort eingeliefert worden."

Als sie ihren Namen nannte, stutzte der Arzt, als käme ihm hierzu eine Erinnerung, aber dann holte er sein Handy hervor und führte ein Gespräch mit dem Stationsarzt. Die Situation war schnell geklärt.

„Sie haben Tabletten mitbekommen", sagte der Arzt. „Haben Sie die eingenommen?"

Die ältere Dame wurde verlegen. „Nein, noch nicht".

„Aber auf dieses Präparat sind Sie eingestellt worden, das müssen Sie unbedingt regelmäßig nehmen. So etwas können Sie nicht ignorieren." Der Arzt sah die Frau eindringlich an. „Was Sie gemacht haben, war sehr leichtsinnig."

Sie nickte. „Ich wollte sparsam damit umgehen, denn ich habe erst übermorgen die Gelegenheit, meinen Hausarzt aufzusuchen. Ich brauche doch für die weiteren Tabletten ein Rezept."

„Sie sind alleinstehend?" Dem Arzt dämmerte allmählich, in welcher Lage sich die Frau befand.

„Wie man es nimmt", sagte sie.

„Ich hole Ihnen ein Glas Wasser." Der Arzt erhob sich. „Und nachdem Sie die Tabletten eingenommen haben, warten wir gemeinsam auf die Wirkung. Sie haben Glück, dass ich einen freien Nachmittag habe, so muss ich mich nicht sonderlich beeilen."

2.

Allmählich ging es der älteren Dame besser, die Gesichtsfarbe kehrte zurück. Während sie auf dem Sofa lag und auf die Wirkung des Medikaments wartete, hatte sie unverwandt auf das Weihnachtsbäumchen geschaut und auf die silbernen Kugeln, in denen sich das Kerzenlicht spiegelte. Nun richtete sie sich auf und sah zum Arzt hinüber, der mit tief in sich gekehrtem Blick die tanzenden und wirbelnden Schneeflocken draußen vor dem Fenster beobachtete.

„Es tut mir leid, dass ich einen Fehler gemacht und Ihnen deshalb den freien Nachmittag verdorben habe", sagte sie leise. „Ich weiß gar nicht, wie ich Ihnen danken soll. Sie haben sich so nett um mich bemüht."

„Es ist mein Beruf." Der Arzt wandte sich vom Fenster ab und lächelte sie an. „Machen Sie sich darüber keine Gedanken." Nach einer Weile fügte er nachdenklich hinzu: „Nun komme ich doch noch dazu, eine besinnliche Stunde in einem Weihnachtszimmer zu verbringen. Die Festtage über hatte ich Dienst, und daheim hatte ich keinen Baum aufgestellt. Wenn man alleinstehend ist, lohnt ein solcher Aufwand nicht."

„Ich habe einen Sohn, eine Schwiegertochter und zwei Enkelkinder", berichtete die ältere Dame, „aber sie gehen ihre eigenen Wege. Wir sehen uns nur selten. Wir haben keinen Streit miteinander, aber die jungen Leute haben andere Interessen und deshalb nie Zeit. Irgendwie kann ich es ja verstehen, es gibt heutzutage so viele Möglichkeiten der Freizeitgestaltung. Heute wollte ich mich mit meinem Sohn hier treffen, wir hatten beschlossen, gemeinsam ein Geburtstagsgeschenk für meine Schwiegertochter auszusuchen. Ihm ist bestimmt wieder etwas dazwischen gekommen, das passiert öfter in seinem Beruf."

Der Blick des Arztes schweifte durch das Zimmerchen und blieb schließlich auf dem Tannenbäumchen ruhen.

„Die Zeit eilt uns immer davon", sagte er nach einer Weile, „manchmal kann man gar nicht alles bewältigen. Selbst im privaten *Leben ist es so. Irgendwann musste ich mich entscheiden, entweder* für meine Familie oder für meinen Beruf. Meine Frau wollte einen Ehemann haben, den sie auch öfter zu Gesicht bekam. Ich war mehr

152

mit der Klinik verheiratet als mit ihr. Ich habe mich für meinen Beruf entschieden, denn mit einem Luftikus, der einfach seine Arbeit zugunsten seiner Freizeit aufgibt, hätte sich meine Frau auch nicht abfinden wollen. Einen Mittelweg gab es nicht, meine Frau hat dies nie einsehen können."

Die ältere Dame nickte. „Vieles versteht man erst, wenn man älter wird oder durch eine harte Schule gehen muss. Dann lernt man besonders, nicht so viel zu fordern, sondern sich zu bescheiden. Enttäuschungen sind oft die Ergebnisse zu großer Erwartungen. Ihre Frau war wohl sehr verwöhnt?"

„Verwöhnt?", fragte der Arzt gedehnt. „Ich habe diesen Begriff schon lange nicht mehr gehört. Er ist, glaube ich, ein wenig aus der Mode gekommen. Heute sind Wohlergehen und erfüllte Wünsche irgendwie selbstverständlich." Etwas ironisch fügte er hinzu: „Und wenn man nicht mehr von selbst darauf kommt, was einem überhaupt noch fehlt, dann sorgt schon die Werbung dafür, dass man neue Bedürfnisse entwickelt." Er machte eine kurze Pause, bevor er weiter sprach: „Aber das meinte ich eben nicht. Bei meiner Frau war es anders. Es ging ihr nicht um die Erfüllung materieller Wünsche, sie wollte mich öfter daheim haben, mit mir gemeinsam etwas unternehmen, und dies konnte ich ihr nur selten bieten."

Die ältere Dame schwieg zunächst, es schien, als hinge sie eigenen Gedanken nach.

Schließlich sagte sie: „Das, was Sie gesagt haben, klingt ziemlich unlogisch, denn wenn Sie sich nun getrennt haben, haben Sie gar nichts mehr voneinander. Sie haben sich damals vielleicht nicht allzu häufig sehen können, aber Sie waren doch in entscheidenden Situationen füreinander da und konnten sich untereinander ihrer Liebe gewiss sein. Sie müssen sich doch geliebt haben, als Sie geheiratet haben?"

„Wie meinen Sie das?" Die Frage des Arztes klang interessiert.

„Schauen Sie" – die Frau blickte ihr Gegenüber voll an – „Sie kennen keine wirklichen Entbehrungen, Sie und Ihre Frau haben bestimmt noch nie gehungert, gefroren oder mussten ganz von anfangen, weil Sie aus der Heimat vertrieben wurden. Als mein Verlobter in Gefangenschaft geriet, habe ich fünf Jahre nichts von ihm gehört. Ich wusste nicht, wie es ihm erging, ob er überhaupt noch lebte. Ich habe ihn bestimmt genauso geliebt, wie Sie behaupten, Ihre Frau geliebt zu haben oder Ihre Frau Sie. Für mich wäre damals die glücklichste Stunde meines Lebens gewesen, hätte ich nur ein bescheidenes Lebenszeichen von ihm erhalten."

Nachdem sie dies gesagt hatte, schwiegen beide. Draußen war es zunehmend dunkler geworden, starker Schneefall hatte eingesetzt.

„Weihnachtswetter", sagte die Frau schließlich.

Der Arzt nickte, dann fuhr er nachdenklich fort:

„Wir leben in Friedenszeiten im Wohlstand, soziale Absicherungen sind sogar Pflicht, wir haben viele gesellschaftliche Freiheiten, die es in Ihrer Jugend bestimmt noch nicht gab. Trotzdem ist das Leben nicht einfacher geworden, zumindest nicht für den Einzelnen. Denken Sie an den Leistungsdruck, dem jeder täglich ausgesetzt ist; Stress und Hektik bestimmen den Alltag, gleichzeitig aber kommt es mehr und mehr zur Vereinsamung und zum Abgleiten in die Anonymität. Es gibt noch viel mehr, was ich aufzählen könnte. Liebe wird in unserer Ellbogen-Gesellschaft mit anderen Maßstäben gemessen, sie bedeutet heute mehr Forderung und weniger Hingabe."

„Moderne Ellbogen-Gesellschaft", warf die ältere Dame ein, „glauben Sie mir, im Krieg wurden noch ganz andere Waffen eingesetzt, nicht nur Ellenbogen. Trotzdem lebten wir in einer anderen Gefühlswelt; so egoistisch, wie heute der Satz 'Ich liebe dich` ausgesprochen wird, so ichbezogen haben wir damals nicht gedacht. Und darum reden wir eigentlich von verschiedenen Begriffen, denn Liebe bleibt in sich immer gleich. Die gesellschaftliche Auffassung ist zu korrigieren, in der man meint, einfach den Begriff anders interpretieren zu können, und schon sei damit alles gerechtfertigt." Sie machte eine kleine Pause, dann begann sie wieder: „Die sogenannte heile Welt, die jeder für sich gerne beanspruchen möchte, gibt es nur, wenn auch jeder bei sich selbst anfängt und sich fragt, welchen moralisch einwandfreien Weg er für sich selbst gehen will und dann auch gehen wird."

Der Arzt unterbrach; wieder war ein Funke Ironie in seinen Worten, aus denen jedoch viel Resignation sprach. „Wir waren gerade bei der Definition der Begriffe angelangt. Glauben Sie mir, bevor einige Mitbürger den steinigen Weg der moralischen Handlungsweise einschlagen, definieren sie lieber den Begriff Moral neu. Und auf einmal wird dieser Weg selbst für die Skrupellosesten eine bequeme Straße durch eine blühende Sommerlandschaft."

Die ältere Dame musste lächeln. „Ich glaube, diese Probleme lösen wir an diesem Nachmittag nicht mehr. Ich bin so froh, dass ich heute in meiner Situation nicht nur einen tüchtigen Arzt, sondern auch einen netten Gesprächspartner gefunden habe. Diese Unterhaltung hat mir sehr gut getan. Manchmal knüpft das Schicksal seltsame Fäden."

Der Arzt ging über das Kompliment hinweg. Ausweichend fragte er: „Das Schicksal? Glauben Sie an das Schicksal?"

Sie überlegte einen Augenblick, schließlich antwortete sie schlicht: „Ja, wenn man es als Willen des Schöpfers bezeichnet."

Der Arzt lächelte. „Es ist schon einmal von der Vorsehung gesprochen worden. Wie gut, dass Sie dies nicht meinen."

„Lästern Sie nicht", sagte sie. „Ich war mit einem Pastor verheiratet, wir haben uns oft mit diesem Thema auseinandergesetzt. Wir vertraten selten genau die gleichen Ansichten, aber wir konnten uns immer wieder einigen, wenn es um das ganz *Große* ging. Ich glaube an die Kraft, die das gesamte Universum geschaffen hat und erhält, und die dieses bewusst so angelegt hat, dass sich Leben bilden und entwickeln kann. Und jedes Leben wiederum hat sein eigenes Bewusstsein und in einem bestimmten Rahmen auch seine eigene Freiheit. Doch die Schöpfung umfasst noch viel, viel mehr als unsere bescheidenen Sinne erfassen können. Von Zeit zu Zeit nehmen wir einen Hauch davon wahr."

„Dieser Gedanke umfasst jede Religion und sprengt gleichzeitig den Rahmen jeder Religion", erwiderte der Arzt.

Die ältere Dame hatte sich jetzt auf dem Sofa voll aufgerichtet, in ihren Augen blitzte es auf. „Natürlich sprengt dies den Rahmen der alten Religionen, denn diese gründen sich auf noch ältere Überlieferungen und formten sich zu Zeiten, in denen andere gesellschaftliche Ordnungen herrschten und das naturwissenschaftliche Denken fremd war. So waren die Religionsfanatiker lange gezwungen, die naturwissenschaftlichen Erkenntnisse zu ignorieren, und im Umkehrschluss wurden aufgrund dieser sturen Denkweise die Naturwissenschaftler jüngerer Zeiten zu Atheisten."

Der Arzt schaute die Frau erstaunt an. Auf eine derartige Diskussionsbereitschaft war er nicht gefasst gewesen.

„Wenn wir streng naturwissenschaftlich argumentieren wollen, dann müssen wir einräumen, dass wir nicht beweisen können, dass es Gott gibt", erwiderte er. Dann, nach einer Weile, räumte er ein: „Andererseits können wir aber auch nicht beweisen, dass es ihn nicht gibt."

„Da wir *sind*", sagte die ältere Dame, „muss oder musste es auch etwas geben, das dafür gesorgt hat, dass wir *sein können*. Aus dem Nichts kann nichts entstehen. Außerdem beweist uns die Liebe, die tiefe selbstlose Liebe, zu der die Geschöpfe untereinander fähig sind, dass es eine Kraft gibt, die über die Welt der Materie weit hinausgeht. Und damit sind wir wieder beim Ausgangspunkt angelangt, dem Thema über die Liebe."

Der Arzt schüttelte den Kopf. „Es gibt Wissenschaftler, die behaupten, die Liebe sei genetisch bedingt und diene dem Überleben der Art. Damit ist jetzt nicht die Fortpflanzung gemeint, sondern die Liebe als Bestandteil des Sozialverhaltens, damit sich die höher entwickelten Arten nicht selbst vernichten."

Die ältere Dame schmunzelte. „Wie weise von dem Schöpfer, dass er dieses dann so eingerichtet hat."

Der Arzt schaute sie herzlich an. „Wie schön, dass ich Sie kennen gelernt habe. Es ist ein wunderbares Gespräch unter dem Weihnachtsbaum und bei winterlichem Schneefall. Dann erlauben Sie mir noch eine Frage. Sie haben nicht ein einziges Mal von Jesus Christus gesprochen. Welche Bedeutung hat denn nun Weihnachten für Sie?"

Sie blickte sinnend auf das geschmückte Tannenbäumchen. Die Kerzen strahlten ihr warmes Licht in den kleinen Raum.

„Jesus Christus", antwortete sie schließlich, „ist von der Weisheit des Schöpfers gelenkt worden und hat uns gelehrt, dass die Liebe das höchste Gut ist, das wir besitzen können und um das wir uns bemühen sollen. Ich feiere den Geburtstag des Menschen, der uns diese Lehre auf den Lebensweg mitgegeben hat. Einen sinnvolleren Anlass für ein Fest kann es gar nicht geben."

Danach war es lange Zeit still in dem kleinen Zimmer. Erst als von draußen Geräusche in den Raum drangen, erhob sich der Arzt und schaltete die Deckenbeleuchtung ein.

Die ältere Dame schaute auf ihre Armbanduhr. „So spät ist es schon! Ich werde die Angestellte bitten, mir ein Taxi zu besorgen. Aber ich möchte auch Sie etwas fragen. So viel Zeit haben Sie noch?"

Er nickte.

Sie sah ihn nun aufmerksam an. „Sie hatten am Heiligabend am späten Nachmittag Dienst in der Notaufnahme der Städtischen Klinik? Und Sie haben eine Frau behandelt, die mit akuten Herzproblemen eingeliefert wurde und später mit einem Hubschrauber in die Universitätsklinik geflogen werden musste?"

„Ja, das weiß ich genau", bestätigte er nachdrücklich. „Ich habe mich intensiv bemüht, aber ich hatte kaum noch Hoffnung. Für unser Krankenhaus, wir sind keine Spezialklinik, war ich an die Grenze der technischen Möglichkeiten gelangt. An das Gesicht der Patientin kann ich mich nicht mehr erinnern, aber an diesen Fall noch sehr genau. Es war sehr deprimierend, nicht helfen zu können. Warum fragen Sie mich das?"

„Weil wir vorhin vom Schicksal gesprochen haben", antwortete die ältere Dame, „und weil ich Sie wiedererkannt habe. Der Arzt, der am Heiligabend bei mir die richtigen Vorbereitungen getroffen hatte, so dass mir noch rechtzeitig in der Universitätsklinik geholfen werden konnte, waren Sie. Und vielleicht sind wir heute zusammengeführt worden, damit Sie erfahren können, dass Ihre Bemühungen erfolgreich waren und dass Ihre Entscheidung, in Ihrem Beruf aufzugehen, richtig war. Und vielleicht auch, damit Sie darüber nachdenken, dass es in Ihrem Leben noch einmal eine andere Liebe geben kann, eine, die nicht nur fordert, sondern auch gibt."

„Sie waren ...?" Über das Gesicht des Arztes glitt ein glücklicher Schimmer.

Sie nickte. „Heiligabend haben wir auch gemeinsam verbracht", sagte sie lächelnd, „für besinnliche Stunden waren wir allerdings zu beschäftigt. Dies haben wir jetzt nachgeholt."

Die Zeit des Schneeglöckchens

Durch kalten Nebel bricht das Licht
der Sonne auf die kalte Erde.
Es sagt dem kleinsten Hälmchen hier,
dass es trotz Frost bald Frühling werde.

Das Eis, noch starr an Bach und See,
es knirscht und knackt und bricht.
Der Winter weicht, zum letzten Mal
zeigt er sein grimmiges Gesicht.

Nur kleine Flecken, weiß von Schnee,
bedecken Hof und Felder.
Es geht ein Frühlingsraunen leis'
durch kalte, braune Wälder.

Noch ist es lang, bis Vogelstimmen
erschallen fröhlich rings im Chor.
Das Läuten eines zarten Glöckchens
erklingt jedoch schon sanft am Ohr.

Es läutet selbst in kalten Nächten
und auch beim ersten Sonnenschein.
Es klingt und lockt und wird erst müde,
wenn Frühling zieht im Lande ein.